これは、ブドウの房をかじっている野ウサギです。

野ウサギは野原にたった一匹、何をおそれる様子もなく、みずみずしい果実を味わっています。

ですがもし、ほかの動物の影がチラリとでも見えれば、稲妻のように逃げ出すでしょう。その逃げ足の速さは「眠っていても、野ウサギは目を閉じない」と、かつて信じられていたほどです。

ブドウに夢中だった野ウサギが突然、首を高く伸ばして一点を見つめました。そして、ブドウの房をくわえなおしたかと思うと、見つめた先に向かって走り出しました。

矢のようにまっすぐに。

SANNEN NO HOSHIURANAI
ARIES
2024-2026

ISHIIYUKARI

3年の星占い 牡羊座 2024-2026

石井ゆかり

すみれ書房

はじめに

こんにちは、石井ゆかりです。

本書は2024年から2026年の3年間、牡羊座の人々が歩んでゆくかもしれない風景を、星占いを用いて描いた1冊です。

3年という時間は短いようで長く、奥行きも深く、ひとまとめにして描き出すのは容易ではありません。本書はシリーズ4作目となるのですが、どう書けば読者の心に生き生きとした「3年」が浮かび上がるだろう、と毎回悩みます。短い小説を書いてみたり、おとぎ話ふうに仕立てたりと、これまでさまざまに試行錯誤してきました。

そこで今回たどり着いたのが「シンボル（象徴）」です。

世の中には「シンボル」がたくさんあります。「フクロウは『不苦労』で縁起がよい」「鳩は平和のシンボル」など、置物やお菓子のモチーフになったりします。ニューヨークの「自由の女神像」のような大きなものから、襟元につける小さな「てんとう虫のブローチ（幸運を呼ぶ）」まで、人間は森羅万象、ありとあらゆるものに「意味」を見いだし、それを自由自在にあやつって、ゆたかな精神世界を編み上げてきました。

象徴など信じない、という科学的思考のはびこる現代社会にも、たとえば「国旗」「県の花」などがバッチリ制定されていますし、会社を設立すればたいていは、すぐにロゴとマークを制作し、名刺などに刷り込みます。これらも立派な象徴、シンボルです。現代を生きる私たちも、まだまだシンボルを手放したわけではないのです。

実は「双子座」「蟹座」などという星座、さらに「木星」「土星」などの惑星も、私たちがそこに意味を見いだした象徴、シンボルそのものです。

「シンボル」には、いい意味も悪い意味もあります。たとえば「サル」は賢さを象徴する一方で、ズルさを表すこともあります。たいていのシンボルは両義的、つまり吉凶、善悪の両方が詰め込まれています。

「シンボル」に与えられた「意味」を調べるのは、辞書で単語の意味を引くのに似ていますが、その広がりは大きく異なります。シンボルはそれぞれがひとつの宇宙のようで、そのなかに実に豊饒な世界を内包しているからです。

さらに、シンボルは想像力、イマジネーションでできあがっているので、外界に対してかたく閉じているわけでもなければ、その世界のサイズが決まっているわけでもありません。どこまでも広がっていく世界、ときには外界から新風さえ吹きこむ世界が、シンボルの抱いているミクロコスモスなのです。

たとえば「双子座の人」「乙女座の人」と言ったとき、その人々のイメージをひと言で限定的に言い表すことは、とてもできません。同じ双子座の人でも、その個性はさまざまに異なります。でも、そこに何かしら、一本似通ったベースラインのようなものが感じられたとしたら、それこそが「双子座」というシンボルの「軸」の感触なのです。シンボルとはそんなふうに、広がりがあり、開かれてもいる「世界観」です。

多くの人が、好きな数字や花、なぜか自分と近しく感じられる場所などを、心のなかに大切にあたためて「特別あつかい」しています。あらゆる物事のなかから特別な何かを選び出し、自分とのふしぎな結びつきを読み取る心が「象徴」の原点にあるのだろうと、私は考えています。どれだけ科学技術が発達し、多くの人が自然科学にしか「エビデンス」を求めなくなっても、人の心が象徴を追いかける仕組みは、なかなか変わらないだろうと思います。

この3年間を生きるなかで、本書の軸となった「シンボル」が読者の方の心に、やさしい希望のイメージとしてよみがえることがあれば、とてもうれしいです。

3年の星占い　牡羊座　2024年-2026年◎目次

ブックデザイン
石松あや
(しまりすデザインセンター)

イラスト
中野真実

DTP
つむらともこ

校正
円水社

1

3年間の風景

3年間の風景

冒頭の「野ウサギ」は、牡羊座の2024年からの3年間を考える上で、私が選んだ「シンボル」です。「なぞなぞ」のようなものと言ってもいいかもしれません。昔の人々が「野ウサギ」という存在に託した意味のうちのいくつかが、この3年の牡羊座を考える上で、とてもしっくりくるように感じられたので、このような書き方をしてみました。

では、以下にキーワードをいくつか挙げながら、「なぞなぞのたねあかし」をしてみたいと思います。

・ひとり

――野ウサギは無防備に
ブドウをかじっている

この3年において、牡羊座の人々が生きるもっとも大きなテーマは「ひとり」です。

これはもちろん、「この3年、牡羊座の人がひとりぼっちになり、孤立する」という意味ではありません。

むしろたくさんの身内にかこまれ、強力な個性を持つ仲間と関わり、にぎやかな

日々をすごすことになるはずです。愛の時間も巡ってきます。

ですがそうしたにぎやかさ、なごやかさ、愛にあふれる時間のなかで、あなたは「ひとりの人間として生きる感触」「自分だけの時間を生きること」を求めます。なぜなら「ひとり」でなければできないことが、人生にはたくさんあるからです。

人生の重要な決断は、自分ひとりでおこないます。

恋も、出産も、自分ひとりでするものです。

生まれてくるのも、死んでゆくのも、ひとりきりです。

たとえどんなにまわりに人がいても、選んだり、決めたり、引き受けたり、体験したりするのは、自分自身、たったひとりのことなのです。

世の中には何事も「他人の意向に任せる」人もいます。親や教師の命令にそのまましたがったり、宗教の指導者や会社組織の上司の言葉を鵜呑みにしたりして、だいじな決断をする人は決して少なくありません。

でも、そうした人の多くは、あとできっと後悔したり、怒りを発したり、自分から判断力を奪った人々を呪ったりするのです。「なぜ自分自身で選べなかったのか」という悲しみは、少なくとも自分自身で何かを選ぶことをするまでは、ずっと影のように、自分のあとをついてきます。

「ひとりですべきなのに、しなかったこと」は、人を後悔させます。

ひとりで選択するのは、とても怖いことです。

そのために古来、占いが存在する、と言っても過言ではありません。

ですが、世の中にはときどき、ラクラクと人生の重要事を決めているように見える人がいます。

その人たちはもしかすると、「まとめて悩んだ」ことがあるのかもしれません。

たとえば悟りを開いた高僧は、悟りを開くまでは七転八倒の苦悩をしたはずです。でも、その苦悩の果てにひとつの答えを見いだしたとき、その後はたいていの物事に、悩まずに対処できるようになります。たとえ悩んでも、それは悟る前の悩みとは違っていることでしょう。

ある種の信念を持っている人、苦労の末にひとつの価値観にたどり着いた人は、その思いを軸にして、「私はこうする」と容易に選択できるようになります。いわゆる「自分軸」というようなものを持つと、物事の判断が比較的容易になるのです。

ですがその「自分軸」は「信念」や「悟り」のように、長い苦悩や自分自身とのごく深い対話、あるいは強い衝撃をともなうような体験を通して、勝ち取られなければなりません。答えの見えない長いトンネルを抜けた先に、自分ひとりで「これだ！」と見いだされたものでなければなりません。

「自分軸」や「信念」などは、他人から教えてもらってすぐ自分のものになる、というわけにはいかないのです。

たとえば、パニック障害を克服した人、うつ病から快癒した人、何度も手を洗ってしまうような強迫症の症状が消えた、といった人がいます。こうした回復者たちから話を聞いて、あれこれ教えてもらっても、同じ症状に苦しむ人がすぐ、快癒するということにはなりません。

「自分のものにする」「自分で見いだす」とは、こうした「症状の快癒」に近いところもあります。自分ひとりでその経験を生きていって、その先に見つけ出されたものこそが、自分の答えとなります。頭だけで思いつくようなものではなく、心身のすべてが融け合ったところに、努力と時間が満ちてはじめて、「自分の答え」が見つかります。

2024年から2026年の3年間は、牡羊座の人々が自分のなかに「基準」を作れる時間です。

信念や軸、哲学、価値観など、「自分はこれをもとに、物事を選んでいこう」と思えるような何かが「基準」です。さらに、ただ作るだけでなく、２０２６年からは「基準」を本格的に使っていくことになります。

すでに確固たる「自分の軸」「基準」を持っている人は、それをバージョンアップするのかもしれません。新しいものを取り入れたり、根本的に作り直したりするのかもしれません。かつて「これこそが自分の軸となる考え方だ！」と感じたアイデアが、少し浅く感じられたり、陳腐になったように思われたりするのは、自分が成長したからです。成長した自分に合った「軸」「基準」が、新たに必要になるのです。

そこでは、新たな「軸」「基準」をどう作るかよりも、むしろ古い「軸」を解体することのほうが重要なのかもしれません。何が陳腐化し、何が合わなくなったのかを深く探ることで、新たな「軸」「基準」が自然に起動します。

「軸」「基準」を作る作業は、いわば「心の旅」です。

「心の旅」は、現実的な経験のなかで進みます。「心の旅」のためにどんな現実的経験をするのか、それは人それぞれです。具体的にはたとえば、深い思索の道を歩む人もいるでしょう。じっくり学んだり、ひとりで考える時間を多く持ったりすることになるかもしれません。文章を書いたり、創作活動をしたりすることで、「自分」に出会い続ける人もいるでしょう。

あるいは前述のように、原因のはっきりしない症状が快癒に向かう人もいるはずです。献身的なサポートを得て救われる人、療養によって回復する人、悲しみや痛みを癒やしていく人もいるでしょう。

なんらかの思想や哲学、宗教などに出会い、生き方が根本から変わる人もいるかもしれません。信頼できる人物の薫陶を受けた後、ひとりで踏み出す勇気を得る、といった展開も考えられます。

縛りつけられていた場所から逃げ出す人もいれば、一時的に「隠遁」のような時間をすごす人もいるかもしれません。避難所のような場所に身を寄せ、力を蓄える人もいるかもしれません。だれかとの深い心情的関わりが、「避難所」の役割を果たすこともありそうです。なつかしい場所や人間関係に立ち返り、本来の自分を取り戻すような時間をすごす人もいるでしょう。

どのケースでも、最終段階では「心のよりどころ」のようなものが得られます。すると、広い野原で一匹、ブドウをかじっている野ウサギのように、広やかな生き方ができるようになります。

野ウサギが無防備でいられるのは、「いざとなれば自分は逃げられる」という思いがあるからだろうと思います。稲妻のような逃げ足があり、逃げ込める安全な場所もあるのです。そんなふうに、何かたしかなものが心にあれば、無防備でいても怖くありません。心を閉ざすことなく、人におもねることもなく、群れることなく、ひとり広い場所に立ち、心地良く人生の果実を味わえるようになるのです。これこそが、「真の自由」ではないでしょうか。

この3年間であなたが手に入れる最大のものは、本当の意味で自由に生きるために必要な力なのだと思います。

あなたは生まれつき、精神の自由について特別な理解を備えている人ですが、この時期は特に「自由」を現実のものとする方向に、意識が向かいます。

自由でいるためにはまず、自分を信頼できるようにならねばなりません。

そのために必要なものを新たに見つけ出すのが、この3年間の牡羊座の人々の一大ミッションなのです。

・避難所

――野ウサギは身を隠す

ヘルマン・ヘッセの『シッダールタ』という小説のなかに、こんな一節があります。

……おまえの心の中には静かな場所が、避難所がある。その中へおまえはいつでも入り込んでくつろげるのだ。

（中略）

誰でもそうすることができるのに、それができる人はほとんどいない

『シッダールタ』草思社／ヘルマン・ヘッセ／岡田朝雄訳

昨今では、「つらい場所からは、迷わずに逃げろ」というメッセージをあちこちで見かけます。イジメに苦しむ小中高生、いわゆる「ブラック企業」で呻吟《しんぎん》する社会人、心ない人々から苛《さいな》まれているのにそこから抜け出せないと思い込んでいる人々などのために、「遠慮せず、逃げなさい」というアドバイスをするのは、とても一般的になりました。

では、逃げ出してどこに行けばいいのでしょうか。

実家に帰ったり、安心できる人間関係に守られたりできる人は、幸運です。社会的には、自治体のさまざまなサポートやＮＰＯ等が運営する「シェルター」のよう

な場もたくさんあるようです。

でも、逃げ出さなければ身を守れないほどの状況に置かれている人たちは、「その気になれば逃げられる」という可能性自体に気づいていない場合も多いのです。疲労や苦悩に心を奪われた状態では、「自分はこのような状況には耐えられない、自分を守るには逃げ出すしかない」などという冷静な判断ができなくて当然です。

もし、ヘッセの書いた「心のなかの避難所」が胸のなかにあれば、どうでしょうか。たぶん、苦しい状況に立ち至ったとき、一度「心のなかの避難所」に逃げ込んで、静かな状態で自分自身と対話を重ねることができます。「このままでは、自分の身が危うい、逃げなければならない」という判断は、この「心のなかの避難所」での、自分自身との会議のなかでおこなわれるものではないかと思うのです。

こうした「避難所」は、いつでもすぐに作れるようなものではありません。つらくなってからではなく、つらくなる前、ふだんの暮らしのなかで作られるものです。

ひとり静かに自分と語り合う時間を持ち、自分自身の考えを大切にし、人を助けたり、人に助けてもらったりする経験を積むことで、「心のなかの避難所」が建設されていきます。

特に、自分以外のだれかが考えた「正解」を探すのではなく、学びながら自分自身の考えを練り上げる習慣が重要です。このことは、前述の「ひとり」というテーマに通じます。自分が自分であるという感覚、自分の思考を大切にする習慣が、「心のなかの避難所」の壁となり、屋根となります。

2023年から2026年にかけて、あなたは「心のなかの避難所」を新たに作り上げることになるでしょう。

前述のように、学んだり、ひとりでじっくり考えたりする時間のなかで、「避難所」ができあがるのかもしれません。

あるいは、だれかと徹底的に助け合う体験のなかで、それができていくのかもしれません。だれかの無償の助力に完全に包まれたとき、自分が「守られるべき存在だ」という実感を持てるのかもしれません。だれかを全力で救い出したとき、「人を、自分を大切にするとは、こういうことだ」という深い理解が根づくのかもしれません。

実際に、長いあいだ苦しめられた環境から「逃げる」選択をする人もいそうです。「ここを離れるわけにはいかない」「逃げても、ほかに行くところがない」「逃げるだけのお金がない」などの思いを長年抱えていた人は、２０２６年までのなかで逃げ出すことができるはずです。「逃げ出すのにじゅうぶんな力を蓄えてから逃げる」人もいれば、「サポートを得られることがわかって、即座に逃げる」人もいるだろうと思います。あるいは考え方や思い込みを根本的に変えることで、「逃げようと思えばいつでも逃げられたのだ」と気づき、遁走する人もいるかもしれません。

この時期に「逃げる」ことを選択した人は、物理的な「避難所」に守られながら、心のなかにも「避難所」を築くことができるはずです。

友だちがいないことを恥じたり、仲間はずれになったことをさみしく思ったりする人は、たくさんいます。みんなが楽しく盛り上がっているのを横目に、自分だけがひとりでいるのは、つらく悲しいことです。

でも、いつもだれかといっしょにいる人は果たして「心のなかの避難所」を持ちうるでしょうか。

「心のなかの避難所」を持っていれば、さみしさのなかでそこにもぐりこみ、深い安心を感じることができそうです。さみしさや孤独は、戸外の空っ風のようなものです。そこで吹きさらしになるしかない、というわけではありません。心のなかに「避難所」があれば、風を避けることができます。

ノウサギ属は、草むらに隠れるものもいれば、浅い穴を掘って隠れるもの、くぼみに身を隠すものなどさまざまですが、上手に「避難」する方法を知っています。外に出て傷つき、疲れきっても、「戻るべき避難所がある」と思えたなら、どんどん外に出る元気もわいてこようというものです。

・富

――野ウサギはブドウをかじっている

富、ゆたかさ、所有すること。お金を持つこと、稼ぐこと、モノを買うこと。過去数年、世界的にインフレーションが起こって物価が上がる一方で賃金は上がらず、多くの人が苦しんでいます。

ただ、ここから3年間の牡羊座の人々の経済状態は、どちらかと言えば好転する傾向があります。

特に２０１８年ごろから、モノやお金が手から「離れていく」という感覚があった人は、その状態が２０２６年に収束するはずです。

この「離れていく」現象は、自然にそうなったというわけでもないのかもしれません。たとえば「ミニマリスト」ブームやサブスクリプションのように、モノやお金からできるだけ自由になろうとする価値観は、過去数年のなかで世の中に深く浸透しました。物質や経済活動に縛られたくない、もっと別のことに時間や労力を使いたい、と感じる人々が増え、そうしたニーズに応えるようなサービスも増えてきたようです。

２０１８年ごろから、牡羊座の人々は「モノやお金から自由になる」ことを選択し続けてきたのではないかという気がします。ドラスティックにすべてを捨ててしまう、というようなことでなくとも、なんとなく買い物に興味がなくなったり、持ち物を処分することが増えたり、といったことがあったのではないでしょうか。５

年前、10年前の自分と今の自分を比べると、お金やモノ、経済に関する価値観が様変わりしている、という人が少なくないだろうと思うのです。

このような「モノやお金から自由になる」、もっと言えば「モノやお金でできた『裕福さ』の重力圏から脱出する」ような離脱の動きが終わるのが、2026年です。この3年を境に、捨てる、手放す、荷物を軽くする、といったことを、もはや考えなくてもよくなるのです。

「離脱」の試みを終えたとき、そのままシンプルな生活を楽しみ続ける人もいるでしょう。一方で、モノやお金の世界に新しいかたちで立ち返る、という人もいるはずです。過去3年で食生活を徹底的に健康的にしてみたけれど、窮屈でストレスがたまることに気づき、ときにはジャンクなものも自分にゆるす、といった選択をする人もいるかもしれません。物質的にストイックな時間を歩んだあとで、「本当に自分に合っているのは、どんな物質的生活なのか」がわかってくるのです。

これはいわば、経済活動、お金やモノに関して、「新しい靴を履いてみた」ようなことなのだと思います。2018年ごろから新しい靴を試してみて、その靴が履き慣れた状態になった人は、そのまま履き続けることになります。一方、靴ずれして治らない人は、別の靴に履き替えるか、もとの靴に戻ることになるのに似ています。

この3年の幕開けである2024年前半は、牡羊座の人々にとって、経済力が向上する、とてもゆたかな時間となっています。

2018年ごろからの「モノやお金に縛られぬ自由を目指す生き方」と「ゆたかな時間」が重なり合ったとき、本当に自分に合ったライフスタイルを模索する決定的な体験が起こるかもしれません。真に手放すべきものと、どんどん増やしていくべきものとのコントラストが最大化し、両者の間に橋が架かるときだからです。

野ウサギはブドウを食べています。これは「ゆたかさ」の象徴です。2024年に入ったとき、あなたは何かしらの果実を手にし、ゆたかに味わっているはずです。

・自由なフットワーク

――野ウサギはとにかく、足が速い

この3年のなかで、あなたのテリトリーはぐっと拡大するでしょう。フットワークが右肩上がりに活性化する時間帯だからです。新しい場所に出かけていくことになりますし、自分と「縁がある」と思える場所がどんどん増えるはずです。

この時期の「フットワーク」は、いきなり遠い世界にぽんと出かけていくような

動きとは違います。そうではなく、今ある場所から少しずつ外側へと歩を進めていくような、じわじわした動きなのです。

まず自分の居場所があり、そのまわりに少し知らない場所があり、「ご近所」を探索しながらテリトリーに加えていき、さらにそのまわりを攻略し……といった具合に、中心から周縁へと「場」が広がります。

新しい場所に一度出かけたらそれでおしまい、ではなく、何度も同じ場所に足を運び、「常連さん」になるような現象も増えるでしょう。

「基本的に、家族や友だちといっしょに行動する」という人も、この時期はひとりで突発的に出かける機会が多くなるかもしれません。ひとりでぽんと出かけていくからこそ、出かけた先の人々と仲良くなり、そこに新しい居場所が生まれます。

この3年は「出会いの季節」でもあります。

ただ、この時期の「出会い」は、人に紹介されてお見合いのように真正面から向き合うようなものではありません。

たとえば、犬の散歩中に犬同士が匂いを嗅ぎ合ったところからなんとなく雑談をする、といったシチュエーションが、この時期の「出会い」のイメージです。身近な場所や知っている世界をじわじわと広げていくなかで、だんだんに「なじみ」が増え、そこから「身内」が増えていくのです。

２０２４年なかばから２０２５年なかばは特に、物理的に出かける・外出するシーンが多いはずです。オンラインですませることができそうな場面でも、あえて直接会いに行くことに意義があります。

オンライン上で接するのと直接移動していって会うのとでは、情報量が圧倒的に異なります。

あなたが「会いたい」と言うことによって、相手も同じ望みを解放しやすくなります。あなたの積極性、主体性、情熱が、この「会う」ことを禁じられたような世界に明るい亀裂を生じさせるのです。

２０２６年以降はむしろ、オンラインでのやりとり、コミュニケーションツールやある種のシステムを活かしたやりとりが増えるかもしれません。これによって、物理的には会いにくい相手とのつながりが強まります。

海を越えたところに住んでいる相手と毎日やりとりして、兄弟姉妹のような関係を結べるかもしれません。

心通うはずもないと思っていた相手と、心がひとつになるような体験ができるかもしれません。

・新しい学び

――野ウサギは目を開けたまま眠る

目を見開いてよく観察し、耳を澄ませてよく聞くこと。

この3年間の牡羊座のテーマに、「新しい学び」があります。特に2024年なかば以降、勉強をしている人は一気にはかどるでしょう。資格取得やあらゆるスキルの習得、教養を身につけることが容易な時期です。

古いことを学ぶよりは、新しいことを学びたくなるかもしれません。新しい技術、新しい事業分野、新しい考え方や価値観、新しい時代について、フレッシュな好奇心を抱き、ぐんぐん吸収できそうです。

牡羊座の人々は元来、新しいものに触れることに抵抗が少ないようです。年齢にかかわらず若々しいものに興味を持ち、すぐに習得してしまいます。

自分より年の若い友だちができやすい時期ですし、年若い人々から多くを学べるときでもあります。

昨今ではインターネットやSNSなどが社会に深く浸透し、だれでも簡単に不特定多数への情報発信、自己表現ができるようになりました。もし、あなたが発信や配信に興味を持っているなら、この3年のなかで一気に実行に移せるかもしれません。

コミュニケーションの輪が広がり、これまで結びつきのなかった人々と、多くを語り合えます。新しい居場所がそこここにできて、とてもにぎやかな環境に身を置くことになるでしょう。

情報発信、自己表現、コミュニケーションは、その前に「語るべきこと」「表現したいこと」がなければなりません。

冒頭から述べた「ひとり」というテーマが、ここにも響きます。

表現したいこと、伝えたいことは、まず「ひとり」の世界で作られます。ひとりで学び、ひとりで考えたことが、語るべきこと、表現したいことに発展します。

もとい、学ぶことは「ひとり」でなくてもできます。

仲間とともに学び、師に導かれ、ディスカッションを重ねながら学ぶのは、すばらしい経験です。この3年のなかでそうした場に恵まれる人も多いはずです。あるいはあなた自身が、自分の手で、人が集う「学びの場」を作ることになる可能性もあります。

とはいえ、どんなに友だちといっしょに勉強していても、知識や情報と向き合い、それを頭や心に吸収して「自分のもの」にする体験は、自分ひとりのものです。隣の友だちがどんなにたくさんの英単語を暗記しても、自分の頭に入ったことにはなりません。教え合うことはできても、それを「自分のものにする」のは、最終的にはやはり「ひとり」です。

あなたがひとりで練り上げた考え、価値観、イメージを、この時期多くの人に伝えることができるでしょう。

また、相手からのリアクションやメッセージ、フィードバックが、あなたをさらに強く、大きく育ててくれるでしょう。

この時期は、仲間や友だちとの距離が非常に近くなる傾向があります。「友だち」というよりもっと近い、「幼なじみ」「身内」のような関係性が、あなたの世界のそこここに生まれそうです。

野ウサギはその逃げ足の速さから「眠っていても、目を見開いている」と考えられていました。エジプトの象形文字では野ウサギが「開いた目」「聞くこと」を表すこともあるそうです。

この3年のあなたが「眠らない」というわけではもちろん、ありません。でも、目や耳をオープンにして、なんでもどんどん吸収しようという気持ちが強まるのは、たしかだろうと思います。眠るまを惜しんで勉強する人もいるはずです（ですが睡眠はとても大切です！　知的活動にもダイレクトに影響しますから、睡眠時間はくれぐれもしっかり、確保してください！）。

・愛

――野ウサギはどこへ向かったのか？

この3年のなかばから後半、牡羊座の人々は「愛の時間」をすごします。たとえるなら、2024年から2026年にかけて、あなたは「愛に向かって飛んでゆく矢」として生きるのです。今からあなたの進む先には、たしかに愛が待っています。

この「愛」は、恋愛だけでなく、家族愛から故郷への愛、あらゆる愛着、あらゆる興味関心、あらゆる楽しみを含みます。大切な人にかこまれ、夢中になれるものに恵まれ、心躍る時間をすごせるでしょう。

自分に自信が持てないと、愛を受け取ることはむずかしく感じられます。

たとえば、意気消沈して自信を失っているときに、たまたま人から大絶賛されても、「お世辞だろうな」としか感じられません。相手の賞賛が信用できなくなってしまうのです。

愛もそのとおりで、自分のことを非難しているようなとき、自己否定しているとき、自分を見失っているときに、だれかから強い愛情を示されたとしても、「それはあなたのカンチガイです」「あなたは私に何か別のものを投影しているだけではないか」などと考えてしまいます。家族や身近な人から大切にされ、心をかけてもらっても、「自分にはそんな価値などない」と感じる人もいます。

実は、牡羊座の人々はもともと、こうした考え方からはもっとも遠くで生きています。牡羊座の生命を肯定する感覚、人を全肯定する強さは、ほかのどの星座にも優ります。ですが2025年ごろから、その「肯定感」に少し陰りが生じるのです。自分を疑いたくなったり、自分に背を向けたくなったりする可能性があります。自信が持てなくなったり、極度に悲観的になったりする人もいるでしょう。

これは、そうなるような出来事が起こるということではなく、「なぜか」そうなる、ということのようです。これまで無邪気に、無心に信じてきたことが、「本当にそうなのだろうか？」と疑問に思えてくるのです。

こうした心の動きは、実は決して「悪いこと」ではありません。物事に疑念を持つところから、本当の探求が始まるからです。

たとえば、愛について悩んだことのない人より、悩んだことのある人のほうが、愛について多くを知っているはずです。自分自身について悩んだ経験のある人は、それがない人よりも、厚みのある人格を形成します。語るべき何事かを持ち、人生観もゆたかです。

２０２５年からの牡羊座の人々は、まず疑念から出発し、２０２８年ごろまでに確信に至ります。その思念の旅の入り口で、あなたは身近な人からのあたたかい愛に包まれることになるのです。ゆえに、その愛が「受け取りにくい」ように感じられます。

このことへの対策は、おそらくたったひとつです。

それは、「愛すること」です。

愛を受け取る側に立ち、自分のまなざしをも自分自身へと向けてしまうと、見るべきものが見えなくなります。

一方、大切な人、愛する人に喜んでもらうにはどうしたらいいか、そのことをひたむきに、純粋に考えるようにすると、視界から「自分」は消えます。相手の姿だけが見えるようになり、その結果、相手のために深い愛の行動をとれるようになります。

「愛を受け取るか、受け取らないか」で悩んだときは、その悩みを高い棚に上げてしまい、「相手を愛するには、どうすればいいか」を考えると、モヤモヤが消えます。

この時期、あなたの肯定感に影を落とすのは、自己犠牲の星であり、責任感と義務感の星なのです。「相手のために自分に何ができるか」を真剣に考えるだけで、この時期の愛の物語の展開は、まったく違ったものになるでしょう。

冒頭、野ウサギが何かに気づき、まっしぐらに走り出したのは、何かから逃げ出してのことではありません。そうではなく、愛すべき相手が視野に入ったからなのです。２０２５年から２０２６年のあなたも、きっと、愛する者のほうへと迷いなく、まっしぐらに駆けていくことになるでしょう。

・秘密のネットワーク

——野ウサギは群れない、しかし多産

この3年のテーマを「ひとり」から語り始めましたが、実は「みんな」というテーマも、非常に重要なスタートを切っています。

おそらく2023年ごろから、あなたは新しい「仲間」を求めているはずです。新たな友、新たなネットワーク、新たな世界にあこがれつつあるはずなのです。でも、それらはあなたがすでに知っている「仲間」「ネットワーク」の姿とは、まったく違っているだろうと思います。

一見して、この時期のあなたはどこにも所属していないのかもしれません。これまで関わってきた人々から、少し距離を置く人もいるかもしれません。

その一方で、だれかとの濃密な交友関係にのめり込んだり、いつもいっしょに行動するようになったりするのかもしれません。

あるいは、その人との交流をほかのだれにも知られないよう、隠すことになるのかもしれません。

華やかな交友関係の裏側で、だれも知らない特別な関係を持つことに、深い喜びを感じるのかもしれません。

たくさんの仲間とオープンに、楽しくワイワイやっている、という雰囲気は、この時期にはありません。でも、あなたは何かしらの深い心情的結びつきを得て、いわば「秘密のネットワーク」を持つことになるようです。たとえば、犬や猫が主に匂いで認識している「テリトリー」は、人間には感じ取れません。それにも似て、この時期のあなたの人的ネットワークや交友関係は、他者からは見えにくくなっています。この「見えにくいネットワーク」の形成と交流は、２０４４年ごろまでにまたがって、深く濃く広がっていくはずです。

野ウサギは、群れを作って暮らすことをしません。でも、彼らは多産です。つまり野ウサギたちの愛の出会いは、私たちにはわからない、秘密のコミュニケーション、内緒のネットワークのなかで起こるのです。

この時期の牡羊座の人々もまた、自分だけに見えるネットワーク、コミュニケーションのなかに足を踏み入れ、そこで特別な出会いを果たすのだろうと思います。

・よみがえる心

――ブドウとはなにか

陶酔、幻想。

テレビドラマ、漫画やアニメ、小説、映画、ゲーム、昨今では「メタバース」など、私たちの生活にはファンタジーがあふれています。現実のものではないイマジネーションが色やかたちを得て、まるで現実のように私たちの脳や心に流れ込んできます。ファンタジーの世界に没入する経験を、「救い」と感じる人も少なくありません。つらい現実を乗りきるために、つかのま、夢を生きること。ファンタジーを儚《はかな》いとか、非現実的だとか、無駄な娯楽だと考える人も世の中には存在しますが、人間はファンタジーや夢なしでは生きていけないものではないかと思います。

占いもまた、そうしたファンタジー、「夢」のひとつです。

この3年のなかで、あなたの「ファンタジー」との接し方は、少なからず変化するかもしれません。フィクションの作品に没入する人もいれば、自分自身でイマジネーションをふくらませ、その世界に遊び、あるいは創作活動にイメージを注ぎ込む人もいるでしょう。

だれの心にも空想や妄想があるものではないかと思いますが、特にこの3年のなかで、あなたの空想はかつてないほどカラフルに、ゆたかに、リアルに発展していくようです。心のなかに自然に生まれるイメージもあれば、集中して考え、構築されてゆく物語もあるでしょう。

いずれにせよ、それらのイマジネーションやストーリーは、あなたの心を「再生」させる力を持っています。

おもしろいことに、私たちの空想はさまざまな記憶の断片の集積でできています。イマジネーションの細部を「これは、どこで見たのだっけな？」と考えると、たいてい、日常のなかで体験したり、動画で見かけたり、だれかがふと話していたりしたことのかけらなのです。記憶のなかにあったものがイマジネーションのなかで再構成され、そのなかで、私たちはある種の精神療法を受けるのにも似て、心の傷を癒やし、疲れを回復させます。

クリエイターが作ったファンタジーを見るときにも、私たちは自分自身を回復させられるような立場に共感するのかもしれません。たくさんのキャラクターが出てくる作品は昨今、とても人気です。どのキャラクターに自分を重ね合わせるか、だれを「推す」かは、自分の心が今どんなものを必要としているのか、何を求めているのかということと、強く結びついているのかもしれません。

この3年のなかであなたは、ふだんよりも厚みのある夢の世界を生きることになるでしょう。「夢を生きる」プロセスは、あなたの心をよみがえらせ、洗い上げるような力を持っています。

たとえば、神社でお祓《はら》いをしてもらって気持ちが晴れるとか、ある種のオマジナイによって元気が出るといったことは、現代社会でもよくあることのようです。

また、心理療法として夢を分析したり、「箱庭療法」のようなイマジネーションを用いて心を癒やしたりする手法が存在します。

意識や思考では理解しきれない不思議なルートを通り抜けて、私たちの心は癒やされたり、浄められたりすることがあるのです。

牡羊座の人々はこの3年のなかで、そうした「不思議なルート」を通り抜け、心に新しい力を得ていくことになるかもしれません。このプロセスは意識的におこなわれるものではないので、実感することがむずかしいかもしれませんが、たとえば「いつもよりフィクションに夢中になっている自分がいる」とか、「何かと空想の世界にひたっている」といった現象が起こったら、この記事を思い出していただきたいのです。

冒頭、野ウサギはブドウを食べていますが、ブドウは古くからブドウ酒の原料であり、祭礼や酩酊《めいてい》、歓待のシンボルとされました。さらに、イエス・キリストが最後の晩餐で振る舞ったブドウ酒のイメージなどから、聖なる飲み物、生と死の不思議にまつわるものとしてあつかわれることもあるようです。乾杯の儀式性、「浄め」の意味合いなど、ブドウ≒お酒は聖なるものと関係が深いのです。

・不思議な縁

――野ウサギと月

「不思議な縁」が結ばれやすいのが、この3年です。

「縁」を感じるような出来事、人と人との結びつき、「これは自分のために用意されていた場所なのだ」という感覚。世界と自分とが目に見えない赤い糸で結びつけられているという手応えを、この3年の随所に感じられるのではないかと思います。

野ウサギは古来、象徴の世界で「月」と結びつけられていました。月のウサギの伝説は日本ではとてもポピュラーですが、ほかの文化圏でも、野ウサギが月明かりの下で輪になって踊るとされたり、三日月の形状のなかに野ウサギが描かれたりしています。月から来たと言えば「かぐや姫」ですが、野ウサギもまた、月から来た生き物だと考えられていたのかもしれません。

もちろん、この3年のなかで、牡羊座の人々が「月から来ただれかと出会う」というわけではないと思います。

ただ、「異世界」のような場所からあなたと出会うためにだれかがやってくる、といったことは起こるかもしれません。

あるいは、不思議な力を持った人に導かれて、新しい世界に入り込むことになるのかもしれません。

友情も、愛情も、それが結ばれるときには、まるで不思議な魔法が作用したように感じられます。どんなにがんばっても得られなかった愛が、ふとした瞬間から湯水のように注ぎ込まれる現象に、ただ驚くしかない、といったことも人生では起こります。人と人、人と場所、人と世界の結びつきは、人知を超えたものを含んでいます。少なくとも、私たちにはそう感じられます。

この3年のなかで、おそらくあなたは、自分の努力だけではどうにもならないところに、驚きをともなったあたたかく美しい「縁」を得るだろうと思います。

月からなぜ野ウサギがやってきたのか、なぜ地上に降りてあなたに出会ったのか、その秘密を聞かせてもらえるかもしれません。

2

1年ごとのメモ

２０２４年

「自由に使えるお金はいくらくらいですか？」というアンケートの質問をしばしば目にします。

生活費や教育費など、絶対に必要なお金のほかに、「何か好きなもの、したいことのために何気なく使えるお金」が「自由に使えるお金」だろうと思います。

２０２４年、シンプルにそうした「自由に使えるお金」が増えます。２０２４年は、お金やモノに関して「自由度」が増す年なのです。

お金やモノに関する「自由度」は、もっと広い意味でとらえることもできます。

特に、2018年ごろから「お金やモノに縛られたくない」という思いを抱き、物質的なコストを抑えてきた人も少なくないはずです。あるいは、最近はすっかり定着した「サブスクリプション」「定額制使い放題」といったシステムを多く利用し、「所有」を減らしてきた人もいるかもしれません。

たとえば人生を「旅」ととらえたとき、荷物は少ないほうが軽快に動けます。2018年ごろから、「できるだけ人生の荷物を減らして、機動性を高め、行きたいところに行き、やりたいことをやろう」という思いを強めてきた人が多いだろうと思うのです。

あるいは逆にここ数年、お金を稼ぐことにかつてなく没頭した人もいるかもしれません。

「あなたにとって、お金とは何か」と問われたとき、「自分を自由にしてくれるもの」

と答える人がいます。お金があれば乗れる乗り物があり、お金があれば住める家があり、お金があれば入れる場所があります。一方「お金がないために、進学できない」「お金がないから、DVを受けていても離婚できない」など、お金の制約によって、当然の権利や人生の可能性を求められずにいる人は少なくありません。

こうした、「お金がないための不自由」をかねてつらく感じてきた人は、2018年から今に至るまで、精力的にお金を稼ぎ、あるいは貯蓄に励んで、「お金によって得られる自由」を追求してきたかもしれません。この試みはおおむね、成功してきているだろうと思います。

ストイックな節約を自分に課してきた人、食生活や物質的な面で厳しいルールを作り、それを守ってきた人もいそうです。「無駄づかいは決してしない」「体に悪いものは一切食べない」「外食は禁止」等々の自分ルールを作り、それを守ることでより自立した、自由な生き方を模索した人もいるはずです。

また、多すぎると思える所有物を徹底的に処分したり、ポイント収集に努めたり、デジタル通貨に投資したりした人もいるかもしれません。

お金やモノについての比較的新しい考え方やシステムを、率先して導入した人もいるのではないかと思います。

2018年ごろからのこうした「お金と自由」「物質と自由」についての挑戦は、そろそろ終盤に近づいていています。

2026年には一連のプロセスが一段落し、さまざまな試行錯誤の果てに「これからは、これでいこう」という経済的な軌道が定まるのです。

その直前にあたる2024年、あなたの経済活動は新しい「ふくらみ」を見せます。たとえば、収入が増えたり、持っているものの価値が上がったりするのかもしれません。

あるいは、「欲」が強まる可能性もあります。どうしても欲しいものに出会ったり、食欲が昂進したり、大きな買い物をしてみたくなったりするのです。「今までより大きな財布が欲しくなる」「大きなカバンを持ち歩くようになる」人もいるでしょう。手にする物質やお金のボリュームが「ふくらむ」のです。

この「経済的ふくらみ」は、2018年ごろからのあなたの挑戦とは、矛盾しているかもしれません。

たとえば、ストイックに節約をし、モノを持たないようにしてきたのに、突然あるファッションブランドにのめり込み、アイテムをコレクションしたくなる、といった展開が起こるかもしれません。飲食について厳しいルールを課して健康管理してきたのに、2024年はなぜかそれらのルールを、みずから破ることになるかもしれません。人づきあいのためとか、どうしても気持ちが落ち着かないとかいう理由で、守ってきた「自分ルール」を次々と無効にしていく人もいるでしょう。「自分はいったい、何がしたいのだろう？」ととまどう場面が出てくるかもしれません。

自分で自分にルールを課すのは、「自由なアクション」です。

ですがその一方で、自分が作ったルールに縛られてしまうのは「不自由」です。

さまざまな望みを押さえ込まざるをえなくなり、窮屈さやつらさを感じる状態は、「自由」ではありえません。

自由になるためにモノを減らしたのに、その結果、心から欲しいと思えるものを手に入れることができなくなるなら、いったい本当の幸福はどこにあるのでしょうか。

2024年は、いわば「本当に自分に合った自由のための、調整期間」です。

ここでは、お金やモノに関する「自由」を、ふたつのまなざしでとらえ直し、調整する必要があるのです。

ひとつめの自由は、2018年ごろから向き合ってきた「身軽になる」ことです。モノを手放してモノに縛られるのをやめること、あるいはお金を持つことで不便さから逃れ出ることが、その目的だったかもしれません。

ふたつめの自由は、「欲しい」気持ちを解放すること、人間のだれもが持つ「欲」を肯定すること、心を深く充足させるためにお金を稼いだり使ったりすること、本当の意味で「ゆたかになる」ことです。

ひとつめの自由は、論理的に考え、ルールを定め、過去の自分を改革することで実現できます。ふたつめの自由は、自分の内なる思いや衝動を理解し、肯定し、学び、人として成長することで実現できます。

モノを持たないことで自由になる人もいれば、モノを持つことで自由になる人もいます。また、経済的にどう舵《かじ》を取ればいちばん自由に生きられるのか、それをまだ知らない人もいるだろうと思います。2024年は、そうしたテーマに、自分オリジナルの、オーダーメイドの答えを見つけ出せる時間と言えます。

広い意味での「お金」について学び、自分が「宝の持ち腐れ」状態になっていたと気づいて、新しい経済活動をスタートさせる人もいるでしょう。

また、自分でもびっくりするほど大きな「経済力」を身につける人もいるでしょう。自分にはこんなに大きなものを動かす力があったのか！という深い驚きと感動を味わえるかもしれません。

長いあいだお金について悩みや根深い問題を抱えていた人は、2024年にその解決策を見いだせるでしょう。たとえば、ギャンブルや借金癖に苦しんでいたとか、買い物依存気味だったとか、そうした非常にむずかしい問題にも、2024年は新しい光が射し込む可能性があります。

・コミュニケーションの年

2024年5月から2025年6月は、「コミュニケーション、学び、旅」の時間です。

かつてないほどたくさんの人々と、ゆたかな対話を重ねられるでしょう。対話のなかで多くを吸収し、急成長を遂げる人もいるはずです。

現代ではSNSなどで、一般の人が手軽に情報発信や自己表現ができるようになっています。すでにそうした活動に取り組んでいる人は、この時期、いっそう発信や創作に熱がこもるかもしれません。

また、新たに自己発信を始める人もいるでしょう。伝えたいこと、学びたいこと、見せたいものが心のなかにわき上がり、広い世界に向かって声を発することになるかもしれません。

多くを学べるときで、資格取得などに挑戦する人も少なくないはずです。過去に挑戦してあきらめたスキルの習得などがあれば、リベンジできそうです。

コミュニケーションの広がりのなかで人から刺激を受け、「もっと教養を身につけたい」「趣味の世界で、もっと知識を増やしたい」などの思いを強める人もいるでしょう。学びのなかで、語れることが増えていきます。

兄弟姉妹や幼なじみとの関係が活性化します。これまで疎遠になっていた人も、突然密に交流することになるかもしれません。冠婚葬祭や地域コミュニティのイベントなど、知り合い同士協力し合わなければならないようなシチュエーションが増えそうです。

ごく個人的な悩みを打ち明け合う相手として、「身内」が視野に入るのかもしれません。かつてとは少し違ったかたちで、新しい親密さを結び直す人もいるだろうと思います。ちょっと相談したら意外なほど親身になってもらえて、そこからおたがいの関係が変化し始める、といった展開もありそうです。

また、これまで「身内」として頼れるような相手がいなかったのに、この時期一気に「身内」ができる、というような変化も起こるかもしれません。日常的にさまざまなことを分かち合い、助け合うような関係性が結ばれ、個人としての新たな居場所を得られるかもしれません。

・大人の反抗期

秋以降、プライベートにおいてある種の「真剣勝負」が起こります。

たとえば、ずっと住み続けていた実家を出ることを決めたとき、周囲の心配や反対にあったり、住居やお金の管理など実質的な問題が生じる、などの展開が考えられます。まわりと衝突しつつもなんとか説得し、未経験の手続きや交渉に挑みつつ、新しい自分の世界を作り上げる、といったドラマが展開する可能性があります。

あるいは、家族に結婚を認めてもらう、といったケースも考えられます。恋人をおたがいの家族に紹介し合ったけれど交際を反対され、どうするか悩んだり、説得に当たったりしながら、ふたりの世界を作るために奮闘する、といった経験をする人がいるかもしれません。

この時期テーマになっているのは、すでにある「居場所・家族・生活空間」のバランスを、少なからず壊して、新しいバランスを構築する必要が出てくる、ということです。その原因はおそらく、あなた自身の愛や個性、才能、真の望みといったものが、新しいかたちで表に現れるためです。

これはいわば、「大人になってからの反抗期」のようなものと言えるかもしれません。自分の親とぶつかるのでなくとも、たとえば「家事はすべて自分がやらなければならない」「家族はいつもいっしょにいなければならない」などの規範意識を解体する人もいるでしょう。

いつもだれかの言うことにしたがっていたけれど、それをやめるとか、ひとりで出かけることはめったになかったけれど、ひとり旅に出るとか、そうした「離脱」を試みる人もいるかもしれません。こうした転換には、摩擦や衝突がつきものです。

家族や居場所、生活のあり方、愛、子育てなどについて「こうでなければならない」という思い込みがあなたを苦しめていたなら、そうした「思い込み」を打破して、ひとりの人間として新しい愛し方、暮らし方、関わり方を選び直せるような時間となっています。

・「変身」を楽しむ

「新しい自分になる」試みをしたくなるかもしれません。

ファッションやヘアスタイルを未経験のものに変えたり、エクササイズを始めて体型を変えたりしたくなるかもしれません。

ここでのポイントは「未経験」です。

試したことのないスタイル、かつてなかった筋肉量など、「すでに知っている自分」の枠からはみ出して、「まだ知らない自分」になることがテーマなのです。

たとえば、私は京都在住なのですが、観光客が着物を着て街を歩く様子をよく見かけます。そのなかにはおそらく、はじめてそうした装いをする人もいるだろうと思います。特に、男性旅行客たちが着流しで歩いているのを見ると、どんな気分なのか、聞いてみたくなります（聞きませんが）。少し前までは、着物姿の男性旅行客はほぼかならずカップルだったのですが、今は若い男の子たちが4、5人で着ているシーンをけっこう目にするのです。「なったことのないもの」になるのは、きっと、とても楽しいことのはずです。

こうした体験は、一時的な楽しみとして思い出になるだけかもしれません。ですがその一方で、「なったことのないもの」になったことがきっかけで、その後の人生が変わる、という人も出てきます。2024年から2025年、牡羊座の人々には、そうした変化が起こりやすいはずなのです。

・「野心」から自由になる年

2024年にはもうひとつの「自由」があります。

それは、「野心からの自由」です。

牡羊座の人々は、もともと非常に野心的です。ストイックにチャレンジし、果敢に勝負して、大成功する人が少なくありません。ほかの人たちが自分を守ることに終始するなかでも、あなただけは「闘ってみよう」「打って出よう」という判断ができます。リスクを負って勝負をかけて、かならず勝利できるというわけではないかもしれません。ですが、何度もあきらめずに闘っていくうちに、いつかは自分にふさわしい大勝利を収めることができるのです。

2008年ごろから、あなたは非常に根の深い、熱い野心を燃やし続けてきたのではないでしょうか。叶えたい夢が心のなかに燃え上がり、それを叶えるためにはどんな犠牲もいとわない、といった切迫した状況に陥った人もいるかもしれません。野心を燃やしてがんばっているうちに、いつのまにか野心に「飲み込まれる」「取り憑かれる」ような状態になった人もいるのではないかと思います。

夢を叶えるためにがんばりすぎて友だちづきあいが疎遠になったり、パートナーや恋人との行き違いが生じたりしたこともあるのではないでしょうか。自分のスピードについてこられない同僚や後輩、上司などとのあいだに強い軋轢《あつれき》が生じても一顧だにしない、というがむしゃらな道を歩んできた人もいるはずです。この時期の「野心」はそれほどに、強烈な人生の変更をうながすものだったのです。

そうした体験を経て、実際に大きな成功を収めた人が少なくないでしょう。脚光を浴びた人、大きな財力や権力、支配力を手にした人、だれもが認める立場を獲得した人もいるはずです。念願のものを手に入れて、深い満足を味わった人もいるでしょう。目指す立場に立ったときはじめて、自分が何を手に入れたのか本当にわかった、という経験をした人もいるかもしれません。

大きな目標を目指すこと、社会的立場を一気に向上させること、何かを成し遂げ、「何者か」になること。そのことがあなたの人生を、良くも悪くも一変させたのではないかと思います。

そして2024年が始まろうとする今、「よく考えたら、なんであんなにがむしゃらにがんばっていたのだろう？」「どうしてあんなに結果にこだわって、何もかも犠牲にしたのだろう？」と不思議な気持ちになっている人もいるのではないでしょうか。

たしかに大きなものを得たけれど、その一方で、失ったものもあるのではないか。この問いに現実的な答えを見つけられるのが、2024年という時間なのです。

現代社会では、多くの人が熾烈な競争に揉まれています。

何もかもが自分自身の努力と判断の結果とされ、苦境に陥っても「それは自分自身のせい」と自分を責めるしかない人がたくさんいます。

若いうちから「成功しなければ」「競争に勝たなければ」「『何者か』にならなければ」といった強迫観念に苦しみ、失敗を恐れ、過剰な攻撃や防御でがんじがらめになり、人にやさしくすることさえ忘れてしまったような人も、少なくありません。

もしあなたが、そうした思いに長いあいだ苦しんでいたなら、2024年はその苦悩が終わる年です。

特に、2008年ごろから「成功願望」にとらわれていた人、過酷な競争の場に身を置いて、脱出したいのにできずにいた人、他者と自分のステータスを比較し、「マウンティング」的な考えしかできなくなっていた人、成功を繰り返すことでしか生きる喜びを感じられず、プライベートやそのほかの場で多くを失うといった経験をしてきた人は、そうした苦境から脱出できるでしょう。

すでにこの「脱出」の動きは2023年から始まっていましたが、最終的に「成功への野心」を手放せるのは2024年です。

2008年からの「野心の時間」の終わり方は、さまざまです。ひたすら追いかけた目標を成し遂げて、大満足で「もういいや！　やりきった！」となる人もいるでしょう。成功はしたけれど、友だちや自由時間など大切なものを失ったと気づき、「生き方を変えよう」と決意する人もいるでしょう。組織や上下関係、昇進、他者からの評価に支配されることをむなしいと感じ、「もうこの場から離脱しよう」と行動を起こす人もいるかもしれません。

目標を達成した上で離脱する人もいれば、目標を追いかけること自体をやめる人もいるはずです。

自分がおかしな価値観に取り憑かれていたということに突然気づき、愛してくれる人のほうをパッとふり向く、といった劇的転換もあるかもしれません。

「野心の時間」が終わったら、意欲のすべてが消えてしまうかというと、決してそうではありません。

たとえば、これまでは社会的な成功、仕事の成功だけを見つめてきたけれど、これからは友だちとの関係やより広い世界との交流を増やしていこう、という思いに切り替わるかもしれません。

あるいは、「自分ひとりの成功」を目指すことをやめ、「みんなの幸福」を考えるようになる人もいるでしょう。ボランティアをしたり、NPOに関わったりする人もいそうです。この場合、「自分が何者かになる」ことではなく「世の中を少しでもよくする」ことが新たな目標となるのです。最優先にしたいこと、実現したいことの内容が、そろそろ大きく変わるのです。

人間関係は外側へ外側へと広がりますが、「上下関係」「勝ち負け」「優劣」はもはや、重要ではなくなるでしょう。

2025年

三歩進んで二歩下がる、三寒四温。そんなイメージの1年です。

これは牡羊座だけのことではありません。この「3年」は、長期的な「時代」を司《つかさど》る星、天王星・海王星・冥王星がすべて移動する時間帯なのですが、そのちょうど真ん中に当たる2025年は、「新しい時代」に歩を進めたあと、ちょっとあともどりして様子を見たり、忘れ物を取りに行ったりする、といった動きが生じるのです。

「新しい時代」に足を踏み入れるのは、主に夏から秋です。冬には全員がいったん

「今までの位置」に逆戻りし、呼吸を整えるようにして、2026年の春までに本格的な移動を終えます。

ゆえに、2025年は迷いの季節となるかもしれません。

「これで変わった!」「新しくなった!」と思ったことが、「ちょっと待って、いったんもとに戻そうか」となったりするので、何が正しいのかわからなくなるかもしれません。「このまま刷新していっていいのかな?」と不安になったり、「やっぱり慣れた環境のほうが自分に合っているのかな」と考えたりする人もいるかもしれません。ですが、2026年になれば、「やはり、新しい道を選んでよかった!」と心から思えるはずです。

・引っ越しの年

牡羊座の人々にとって、2025年は移動の年であり、引っ越しの年です。

もちろん、牡羊座の人すべてが引っ越しをする、というわけではありませんが、なんらかのかたちで生活環境や暮らしの場が変化しそうなのです。

たとえば、家族構成が変わったり、ペットを飼い始めて生活がガラッと変わったりするかもしれません。

あるいは、家族のだれかが人生の新しいステージに進み、生活の時間割が一変する人もいるでしょう。たとえば「子どもが小学校に上がり、日々のタスクが一変する」といった経験をする人もいそうです。


4月なかばまでの「生活環境や暮らしの場の変化」には、どこか熱いものが含まれています。身近な人とガンガン議論しながら新しいライフスタイルを考えていく、という人もいるでしょう。これまで家族のためにとガマンしてきたけれど、もうガマンしない！と腹をくくり、本音をぶつけ始める人もいるでしょう。

すでにある生活を一度壊し、その上で新しい生活を創ってゆく、という体験をする人も少なくないはずです。

6月中旬以降は一転して、居場所が愛とやさしさ、ゆたかさと幸福感に満ちます。昨年末から本気でぶつかり合った結果、心から安心できる場が生まれる、ということなのかもしれません。

2024年の終わりから家族や身近な人との人間関係に問題を抱えた人も、6月中旬以降はその問題が一気に解決し、共に生きる喜びを味わえるでしょう。

とはいえ、この時期の「生活環境や暮らしの場の変化」は、多段階になるかもしれません。引っ越しが一度で終わらず、何度か繰り返される可能性があるのです。たとえば「仕事を変え、新しい場所に移って家を建てるので、家が完成するまではその土地で仮住まいする」といったことになるかもしれません。

あるいは「海外に短期留学したところ、その国で縁があって仕事に就くことになって、一度帰国したり現地で住まいを探したりする」といったことも考えられます。

第一段階の「移動」は6月上旬までに完了し、第二段階の「移動」は7月からスタートして、その後2033年ごろまで続く、ロング・ジャーニーです。

このような、ダイナミックな「移動」のイベントは続くものの、6月なかばから2026年6月いっぱいは、家族や身内と呼べる人々との、深い心の交流に満たされる時間となっています。守るべきものが何かを知り、自分が何に守られ、育まれているかを知ることができるでしょう。

新たな家族を得る人、新しい家庭を築く人もいるはずです。その世界には、純粋な愛が満ちています。

・スケールアップする「学び」と「コミュニケーション」

2024年なかばから「コミュニケーション、学び、旅」の年に入っています。この配置は2025年6月上旬で一段落するのですが、その後7月から、今度はもうひと回りスケールの大きな「コミュニケーション、学び、旅」の時間が幕を開けます。この時間は非常に長く、2033年ごろまで続いていきます。

2024年なかばから2025年6月上旬の「旅」が飛行機や船での旅なら、7月から2033年は「宇宙旅行」です。未知の世界にぐんぐん分け入って、そこを自分のテリトリー、住処《すみか》とできる時間となります。

コミュニケーションの場もぐっと広がりますし、自分とはまったく異質な人々と渡り合えるようになるでしょう。価値観や考え方が一変し、新しい時代の息吹を吸収し、これまでまったく興味関心のなかったことを、猛然と学んでいくことになるかもしれません。

たとえば、これまで「勉強は嫌い、本は読まない」と言っていた人が、突然勉強に没頭するようになるかもしれません。あるいは逆に「本の虫」のようだった人が、「書を捨てて、街に出る」ことを選ぶようになるかもしれません。人から教わるばかりだった人が独学を始めたり、教える側にまわったりすることになるかもしれません。学び方が様変わりし、学ぶことによって精神や生き方が自由に解放されます。

慣れ親しんだ環境から飛び出して、新たな居場所を探し求める人もいるでしょう。前項でも書きましたが、ここからの引っ越しは「旅」の意味を持っています。人間関係の変化や転職なども、引っ越しや旅の一種と言えるかもしれません。「いつもどおり」の重力圏から飛び出して、新しい星を探しに出かけるときなのです。

・愛の時間

2025年前半は「愛の情熱」を生きる時間です。

実は、2026年なかば以降によりスケールの大きな「愛の時間」が待っているのですが、それより前に、「愛のイニシエーション」とでも呼びたいような時間がおかれているのです。何かを好きになること、情熱を燃やすこと、自分の魅力を輝かせること。そうしたことに次々とスイッチが入ります。

たとえば「長らく恋をしていなかった」という人は、この時期、久しぶりにトキメキや恋心を抱くことになるかもしれません。あるいは、「2025年前半に新しい趣味を見つけて、その趣味を通して多くの人と知り合いになり、2026年なかば以降、そのなかのひとりと恋に落ちる」といった展開も考えられます。

2024年にも「なったことのないものになる」体験について書きましたが、2025年は特に2月から6月頭にかけて、ファッションやヘアスタイルをガラッと変える人が多そうです。ここでの眼目は「より魅力的になる」ということだと思います。自分の個性を際立たせ、人に心を開きやすくなるようなスタイルを、この時期見つけ出せそうです。そのことが、新しい愛の物語につながっていきます。

・清らかな泉に泳ぎ入る

2025年は、愛や家族といった、どちらかと言えばにぎやかなテーマに強いスポットライトが当たる時期です。

ですがその一方で、あなたの精神は、別の変容を始めることになります。

たとえば暑い夏に、清らかな泉に泳ぎ入ると、心が浄められるような気がします。

また、たくさんの人が集まる忘年会で盛り上がったあと、外に出て冷たい空気を吸い込むと、とてもすがすがしい気持ちになれます。


2025年の牡羊座の人々は、たとえばそんなふうに、精神の清冽《せいれつ》を味わうことになるはずです。ガヤガヤとうるさい場所から、ひとり外に出て、清らかな時間を吸い込むのです。


あるいは、何事も他人の意向を勘案しなければならないような状態から、「純粋にひとりで考え、決断し、行動する」状態へとシフトするのかもしれません。

自分が自分であるということを非常に深く、本質的なかたちで実感できます。

これは冒頭から書いてきた、「ひとり」の世界への第一歩です。

3月末から10月中旬、そのなかでも特に5月末から8月にかけて、あなたはこの「精神の清冽」の予感を感じるでしょう。具体的にどのような出来事を通してそれが起こるのかは、本当に人それぞれです。

ただ、ひとつ言えるのは、これがあなたの精神の深い変容の時間の「入り口」だということです。

・長い「イマジネーションの時間」の始まり

2025年から2039年ごろにかけて、あなたは「イマジネーションの時間」を生きることになります。想像力が強まり、無意識に夢を描いたり、白昼夢のようなものに包まれたりすることもあるかもしれません。

現実から少し遊離するような時間を持ち、その経験がアートやクリエイションの世界に活きる、といったことも起こりそうです。

私たちは目の前の現実を生きるのと同じくらい、イマジネーションを生きる生き物です。同じ場所で同じ時間、同じ体験をしていても、その「体験談」は人によって大きく違っています。これは、私たちが頭のなかに持っているイメージをもとに情報を吸収し、吸収した情報をもとに新たなイメージを作る、という作業を常に続けているからだろうと思います。

イマジネーションは認識の枠組みであり、新しい認識自体なのです。２０２５年以降、あなたの「イメージ」は、非常にゆたかなものになります。イコール、あなたの生きる世界がゆたかになるのです。

フィクションの世界にどっぷりはまり込む人もいれば、自前で架空の世界を思い描き、そこに棲む人もいるでしょう。連想が連想を呼び、特異な発想を打ち出して、世に認められる人もいるはずです。

その一方で「イメージ」は、不安や恐怖の源泉でもあります。

自分で思い描いた不穏な幻想にとらわれ、未来に不吉な影を投影して、それにおびえながら暮らしている人も、世の中には少なくありません。この時期、あなたがそうしたイマジネーションに飲み込まれてしまうとすれば、それは決して望ましいことではありません。

描くならば、あくまで美しい、愛に満ちたイメージを思い描いていただきたいのです。自分で創り出した闇にみずから飲み込まれることのないよう、気をつけていただきたいと思います。

裏を返せば、2025年から2039年のなかでもし、あなたが強い不安や苦悩に飲み込まれたとしたら、その苦しみの大半は、「想像」でできています。「想像」は、実体ではありません。疑心暗鬼、取り越し苦労、自縄自縛《じじょうじばく》でしかないのです。

強い不安を感じたら、かならずこのことを思い出していただきたいのです。

その不安の正体は、かたちのない幻影に過ぎません。

朝になれば陽光が吹き飛ばしてくれる、儚い影なのです。

2026年

・家族の年、居場所の年、愛の年

2025年と2026年には、どこか「地続き」の観がありま す。

もとい、どの年もほかの年とつながっていて、いつだって「地続き」ではあるのですが、この2年のつながりは特別です。

というのも、2025年の主なテーマに「愛」があり、2026年もまた、「愛」が主力テーマとなっているからです。おそらく、2025年になんらかの愛が芽生え、2026年にその愛が大きく成長し、ドラマティックに展開してゆく、といった流れになるのかもしれません。

とはいえ、2025年の「愛」と、2026年の「愛」には質的に大きな違いがあります。

2025年の「愛」は、自分の内側からわき上がる愛、自分自身の魅力が倍加するような現象、身近な人との助け合い、安らぎの場を得る、といった「愛」でした。

2026年の「愛」は、他者との出会い、対象に自分を投げかけていく愛、愛のために何ができるかを考える愛、圧倒的な「外部」との心の交わりのなかに新しい生き方を見いだす愛です。

2025年の愛はどこか身近で、自分の手のなかにあるもので、理解しやすく、判断も選択も容易で、みずからの行動によって多くを変えられる愛です。

一方、2026年の愛は、外側から来て自分という存在を飲み込み、そのまま大きな世界に接続してくれるような愛と言えます。そこではコントロールできないことが多く、真剣に深く考えながら受け取り、時には自分を変えながら生きることが求められたりもします。

2025年の愛が「内側からの愛」ならば、2026年の愛は「外側からの愛」なのです。

・居場所、家族、身内の時間

2025年なかばからの「居場所、家族、身内の時間」は2026年6月いっぱいまで続きます。家族や身近な人との「団らん」が、この時期のあなたの心を深く満たすでしょう。

特に2024年の終わりごろから「居場所の解体と再構築」を進めてきた人は、2026年前半にその作業が完了し、できあがった新しい「居場所」で大きな幸福感を味わえそうです。「理想の家」を得て大満足する人もいるはずです。

長いあいだ孤独に生きてきたけれど、ここであたたかな家庭に恵まれる、といった展開も考えられます。一方、ずっと人に揉まれて苦労をしてきたけれど、ここで念願だったひとり暮らしを始め、新生活を満喫する！という人もいるでしょう。

どちらも共通しているのは、「居場所についての念願が叶う」という点です。なかには、やっかいな隣人が引っ越しをしていなくなったり、地域の問題が解決して気持ちがラクになったり、といった経験をする人もいるかもしれません。

物理的に、引っ越しや家族構成の変化などが起こりやすい時期です。

家族が増えたり、独立して新たな家庭を築いたりする人もいるはずです。また、2024年ごろから移住を開始した人は、この時期に「移住先に根を下ろす」プロセスをたどることになるかもしれません。

というのも、新たな場を「自分の居場所」に変えるには、絶対的な時間がかかるからです。まいた種が地中に深く「根付く」には、それなりのプロセスが必要なのです。

移転してすぐの時期は、なかなか地域になじめず、人間関係もすぐには生まれません。時間を重ねて何度も行き来し、淡いやりとりを重ねるなかで、やがて「自分はこの場所の人間になった」と思えるようになります。新しい家も最初はなじみがなく、よく眠れないこともありますが、日をすごすにつれて「家がいちばんよく眠れる」という状態に至ります。

このように、2024年ごろに移動を開始してから今に至って、やっと「ここが自分の居場所だ！」という思いを持てるようになる人もいるだろうと思います。

また、2026年は、身近な人から助けを求められたり、じっくりよりそう必要が出てきたりするかもしれません。

相手の悩みごとに時間をかけて向き合うことで、自分自身の心に隠れた深い悩みに気づき、それを癒やす道へと足を踏み入れる人もいるでしょう。

・愛と創造の季節

7月から2027年7月にかけて、「愛と創造の季節」に突入します。大恋愛をする人もいれば、子どもを授かる人もいるでしょう。また、いわゆる「推し活」を始めたり、ペットを飼い始めるなど、何かしら「愛情を注げる対象」を得る人もいるだろうと思います。

夢中になれるもの、没頭できること、自分の才能を活かせるような活動に巡り会えるかもしれません。眠っていた才能を引き出されるような体験をする人もいるはずです。

クリエイティブな活動に取り組んでいる人には、大きなチャンスが巡ってくるときです。自己表現の機会に恵まれますし、すばらしいインスピレーションを得て創作したものが世に認められる、といった展開も考えられます。

この時期の「愛と創造」は、自分の世界だけに閉じたものにはなりません。他者との出会い、他者との交流、他者との結びつきのなかで、愛や才能が活性化するのです。何かを作ったら、それをだれかに受け取ってもらうことになるでしょう。愛するだけでなく、愛される喜びを深く味わえるでしょう。

愛に出会う人、愛を通して新しい世界に出会う人もいるでしょう。愛することによって新たな自分を見つける人もいるだろうと思います。日々部屋中に花を飾りたいような、キラキラした時間がやってきます。

・ひとりで出かけてゆく

4月末以降、「外に出る時間」となっています。どちらかと言えばひとりで出かけ、新しいものに出会うことができるでしょう。

何か目新しいものや現代的なものを探すというよりは、「自分のためのもの」を純粋に探しにゆくことになるようです。

2025年の「コミュニケーションのスケールアップ」が、この2026年から本格化していきます。ひとりの人間として、自分の言葉で、愛をもって自由に語る機会をどんどんつかめます。そのために必要な勉強を重ねてゆくこともできます。

ここでの外出も、コミュニケーションも、学びも、決して「人のやっていることのトレース、真似」にはなりません。もとい、年の前半はむしろ「模倣」「学び＝まねび」的なプロセスが重要になるかもしれませんが、年のなかば以降は単独で、自分の考えで探し求め、身につけ、発信していくことが何より重要なのです。

・時代の「ラットホイール」からの離脱

現代社会はとにかくあわただしく、忙しく、多くの人が「時間が足りない」と嘆くような世の中です。膨大な情報量に押し流されるように、私たちは常に何かをチェックしつつ、3日前のホットなトピックをもう忘れ果てています。燃え上がっては沈静化し、忘れ去られるニュースの渦のなかで、毎日新しいものを目にしているようで、実は同じようなものをぐるぐると回転させる、ラットホイール（ハムスターなどがなかに入って遊ぶ、回転車）のような興奮に身を任せているだけなのかもしれません。

2026年、牡羊座の人々はそうしたラットホイールから離脱します。日々を埋め尽くしている「本当はどうでもいいはずのこと」から頭や心を引き離し、より本質的なことに目を向けたくなるのです。

たとえば、膨大な情報とコミュニケーションを提供してくれるスマートフォンを、そっと遠ざける人もいるでしょう。みんながヘッドホンをつけて何かを聴いているような状態だとするなら、あなただけがそのヘッドホンをはずし、静寂や自然の物音に耳を傾けたくなるでしょう。2025年の項で「清らかな泉」のことを書きましたが、2026年はその動きが本格化するのです。

めまぐるしく動くものよりも、何百年も変わらないものに身をゆだねたくなるかもしれません。真新しいものよりも、時間の流れに鍛えられたものに自分を重ねたくなるかもしれません。歴史のなかで多くの人が大切にしてきたもの、今忘れ去られようとしているものなどに、手を差し伸べたくなるかもしれません。

もはや「みんなと同じ」「時代についていく」「流行に乗り遅れないようにする」ことは、あなたにとってまったく意味のないことです。2026年から、あなたのなかに流れる時間の質は、そんなふうに様変わりします。

何かを始めるにしても、何かをやめるにしても、2026年はあなたひとりで決めて、あなたひとりで行動できます。これは決して、孤立やよくない孤独ではありません。この時期の「単独行動」は、あなたを傷つけるものではなく、あなたを満たすものなのです。これまで外野の声が気になってなかなかできなかったことを、今なら堂々とひとりで実行できるのです。

・大切なものを、大切にする

愛の感情は、切なさやさみしさ、孤独や弱さといつも隣り合わせです。

まわりに愛がたくさんあるとき、多くの人はそのことが意識に上りにくくなります。たとえば突然大切な人を亡くしたとき、はじめて「自分はなんと大きな愛を失ったのだろう！」と感じます。楽しかった日々のことを思い返すのですが、その「楽しかった日々」の真っ最中には、自分を満たしているかけがえのない愛に、ほとんど気づいていません。息苦しくなってはじめて酸素のありがたさがわかるように、かじかんだ手で当たったストーブがもっともあたたかいように、愛は、それが足りなくなったときはじめて、その本当の姿を現すものなのかもしれません。

それでも私たちは、思考を巡らすことによって、あるいは想像をふくらませることによって、今目の前にあるもののかけがえのなさ、貴重さを理解することができます。

そばにいる家族や恋人を見つめて、「この人が突然いなくなったら、どんな気がするだろう?」と心にシミュレーションしてみることは可能です。こうしたシミュレーション、空想を通して、私たちは「今目の前にある大切なもの」を、現実のなかで大切にする方法を考えられるようになります。

「今はまだ照れくさいけれど、いつか感謝を伝えよう」と思い続けている人が、その思いを叶えられないケースは多々、あるのです。目の前にある愛、目の前にある恵みのことを本当に理解できたら、「いつか感謝を伝えよう」という発想には、現実感がないことがわかります。

私たちはつい、面倒なことややっかいなこと、リスクのあることを「先送り」にしがちです。個人的な感情にまつわることほど、あとまわしにされ、ないがしろにされます。

でも、人生の幸福感とはすべて、個人的な感情でできています。どんなに他人からほめられても、どんなに人からうらやましがられても、自分自身の感情が納得も満足もできず、渇望や孤独に苛まれていたなら、それは幸福な人生とは言えません。「いつか感謝を伝えたい」の欺瞞《ぎまん》は、それが叶えられなかったとき、だれよりも自分自身を不幸にしてしまいます。

２０２６年からの牡羊座の人々は、自分自身を幸福にするための「少し面倒なこと」から、決して逃げません。あとまわしも先送りもないのです。それは、「この愛が、この恵みが、自分をどんなに幸福にしているか」ということを、リアルタイムで理解できるからです。決して「失ってはじめてわかるありがたみ」にすることなく、失う前にその貴重さを深く真剣に理解できるからです。

3

テーマ別の占い

愛について

前章までのなかにも再三書いてきましたが、この3年は総じて牡羊座の「愛」に強い勢いがある時間帯です。ボルテージが右肩上がりになり、2026年後半から2027年前半にそのピークが置かれているのです。

・パートナーがいる人

すでにパートナーがいる人は、すばらしい愛の時間をすごせるでしょう。特に2024年の終わり以降、前向きな展開が多そうです。

２０２４年の年末から２０２５年の年明け、そして２０２５年２月から６月なかばは、非常に情熱的な愛の季節となっています。穏やかさよりも熱さ、盛り上がり、スリリングな展開がありそうな時間帯です。特に２０２５年５月から６月頭は、生活全体が愛できらめいているように感じられるかもしれません。非常に華やかな星の配置で、全力で愛を生きられるでしょう。

ただ、２０２４年終わりから２０２５年なかばのこの時間帯は、「熱さ」が高じて衝突や摩擦につながる可能性も。愛をストレートにぶつける力、疑問に思ったことは率直に投げかける力が魅力のあなたですが、その率直さ、ストレートさを相手が受け止めきれない場合もあるのかもしれません。

この時期は「相手が取りやすい球を投げる」ことを念頭に置くと、おたがいの情熱が融け合うような、すばらしい時間をすごせるでしょう。

２０２６年７月から２０２７年７月は、雄大な愛の季節です。愛によって大きく成長できますし、愛の関係自体が強く、広やかに育つでしょう。

特に２０２６年８月から９月上旬、10月末から12月頭は、パートナーシップに愛が流れ込むときとなっています。

倦怠期を迎えたカップルも、この時期になんらかのきっかけを得て、愛がよみがえる可能性があります。ふたりですごす時間を大切にすること、ふたりで楽しめる企画を考えること、行ったことのない場所に行ってみることなどが、そのきっかけになるかもしれません。

２０２５年なかば、そして２０２６年２月以降は、あなたがパートナーに「今まで見せたことのない顔を見せる」時期となるかもしれません。

たとえば、ふだんめったに弱音を吐かないあなたが、パートナーに悩みを相談することになるのかもしれません。いつもならひとりで決めてどんどん動いてしまうところで、あえてパートナーに頼るのかもしれません。弱さや恰好悪さをパートナーに見せることで、愛が新しい進展を見せる可能性があります。

これはもちろん、演出や「わざと」のことではなく、あなたの心の動きが自然に、そのような方向に向かうのだと思います。

パートナーに心配をかけたり、頼ったりするとき、過度に自分を責めたり、自己否定に陥ったりする人もいます。でも、この時期は決して、弱みを見せたことを否定的にとらえる必要はありません。

愛はいつも、人の弱い部分から生まれ、人の弱い部分に作用するものです。

自分を強いと考えている人ほど、そうした愛の秘密を理解できず、そのために愛する人を無意識に無視したり、傷つけたりしてしまうことがあるものです。この時期は、あなたの内なる弱さを発見することが、そのまま愛の正しい道筋へとつながってゆくのだと思います。

・恋人、パートナーを探している人

少し行動を起こすだけで、想像以上にすんなりと、「その人」に出会えそうです。この3年は随所に出会いの魔法がかかっていて、あなたが愛を見つけることを、星々が全力で促しているように見えるのです。

新しいコミュニケーションツールを使ったり、行ったことのない場所に出かけたりすると、チャンスをつかみやすいかもしれません。ふだん友だちと行動することが多い人も、愛を探すならあえて「単独行動」を選ぶほうが効率が良さそうです。「縁」が結ばれやすいときなので、さまざまな人との関係を大切にし、積極的につながりを保つようにすると、「その先」にある愛の芽にアクセスできる可能性があります。友だちの友だち、知り合いの知り合いなどが「その人」なのかもしれません。

どちらかと言えば自信を持って行動できるタイプの人も、2025年なかば以降はなぜか、自身を見失ったり、気弱になったりする場面があるかもしれません。愛を探すプロセスでは、傷つくことも多いものです。何度か傷つくうちに「もう、自分を愛してくれるような人はいないのかもしれない」など、ネガティブな思いに落ち込んでしまうこともあるのではないかと思います。

でも、この時期はそうした「弱さ」にまつわる気持ちから、孤独の世界に自分を閉じ込めるべきではないと思います。むしろ、同じように愛を探している人々が、みんな似たような痛みを味わっていることを思い、「だからこそ、愛が必要なのだ」というふうに、あえて心を開くことを試みていただきたいのです。

2025年以降は、弱さや孤独感がそのまま、愛の世界への手掛かりとなる可能性があります。さみしさを感じたとき、他者のなかにもそのさみしさがあることがわかり、そこから愛し方、愛され方が変わる、という現象が生じます。いいところだけを見せ合い、元気なときだけ楽しみ合うような愛は、あなたが探している本当の愛でしょうか。そうではないはずです。そういう意味で、この時期見つかるのは、本物の愛なのです。

こまかく時期を挙げてみますと、2024年3月下旬、4月前半、10月上旬、11月から2025年1月頭、2025年2月から3月、4月なかばから6月なかば、2026年7月から2027年7月などが、出会いを見つけやすい時間となっています。ですが「これ以外の時期に出会っても、よくない」などということはありません。3年全体を通して「愛の出会いの時間」ととらえていただきたいと思います。

・片思い中の人

2024年の終わりから2025年前半にかけて、かなり大胆に愛のアクションを起こせるときとなっています。ゆえに、ここで「片思い中」の膠着《こうちゃく》状態を打破できる可能性があります。

一方、2024年から2025年は、「突然、不思議な縁が結ばれる」可能性のあるときです。片思いしている相手とは別の人と、電撃的に出会って恋に落ちる、といった展開も考えられます。視野を広く持っておきたいときです。

2025年なかばから2026年前半は「家族を持ちたい」という思いが強まるかもしれません。片思い中の恋にアタックする人もいれば、その恋はとりあえず置いておいて、家族となれる人を探し始めよう、という方針に切り替える人もいそうです。

2026年なかば以降は、愛の時間であると同時に、パートナーシップの時間でもあります。特に8月から9月上旬、10月下旬から12月上旬は、大切な愛の約束を交わせる時間帯となっています。この時期に思いきって片思い中の相手にアプローチする人もいるでしょう。あるいは、ほかの人からのアプローチを受け、検討に入る人も少なくないはずです。

２０２５年以降は「ひとり」の状態に入ると、そこで安住してしまう傾向も出てきます。「片思いをしている状態」に安定的にはまり込むと、抜け出せなくなるかもしれません。愛を動かそうという思いを持つこと、今後どういう生き方をしたいかを強くイメージすることが、「いつのまにか貝殻のなかに閉じこもる」ような状態にならないためのカギです。

・愛の問題を抱えている人

２０２４年から２０２５年は、非常に強い「問題解決」の時間となっています。愛の悩みは第三者に相談しにくい傾向がありますが、この時期はまさに「隠れた悩みを解決する」のにもっとも望ましい時期なのです。

２０２４年から２０２５年は「救い」の時間と言えます。長いあいだ抱えてきた問題について、思いきって信頼できる人の手を借りたり、専門家のサポートを受けたりする人もいるでしょう。なかには、自分以外のだれかを助ける過程で、自分自身の問題を解決する糸口を見つける人もいそうです。2025年から2026年は、家族が味方になってくれる時期でもあります。

2026年7月から2027年7月は、牡羊座の人々にとってすばらしい愛の時間となっています。長いあいだ、愛について苦悩し続けてきた人も、ここではきっと幸福な愛に包まれることができるはずです。ゆえに、2024年から2025年に、あえて問題の中心にどんと突っ込んで、真正面から取り組んでみることがだいじなのだと思います。

強さを愛し、タフであろうとする牡羊座の人々にとって、自分自身が「愛の悩みを抱えている」ということを認めるのは、それ自体が難問となる場合もあります。でも、この時期はまず、自分のつらさや痛みを「認識する・認める」ことがとても重要なのです。無視されてきた心の奥の涙を、まずはみずから助けにゆこうとすることで、愛の大きな扉が開かれます。

仕事、勉強、お金について

この3年間は、「仕事にガンガン打ち込み、ほかのことはすべて犠牲にする」といった生き方を選ぶ人は、たぶんほとんどいないだろうと思います。

むしろ、今まであまりにも仕事偏重できたことを反省し、「もっとプライベートをだいじにしたい」「QOL（生活の質）を考えたい」という観点で働き方を変える人が多いはずなのです。

家族や身近な人との関係をよりゆたかなものにし、趣味に打ち込み、恋愛をし、愛する人とすごす時間を大切にする、といった価値観が強まります。

「なんのために働くのか」を考え、「いちばんだいじなものを、いちばん大切にする」ための時間の使い方を探る人が多いだろうと思います。

とはいえお金に関しては「無欲になる」わけではなく、むしろゆたかさを増すでしょう。２０１８年ごろからの「手放す・シンプルにする」動きが弱まり、自分の欲望を理屈で管理しようとする傾向が緩和されます。これまでモノやお金がどんどん自分から離れていくような気がしていた人は、その流れが止まるのを感じられるでしょう。

２０２４年の前半は特に、平たく言って「金運のいいとき」です。収入が上がったり、いい買い物ができたりする時期で、「欲しいものを手にする」ことの喜びを深く味わえるでしょう。大きな買い物に臨む人もいるはずです。「自分に合った稼ぎ方・使い方はこれだ！」という「答え」を、２０２４年に見つけ出し、２０２５年以降は経済活動が真に「自由化」される、という流れになりそうです。

一方、2008年ごろから「稼ぐ」ことに支配されたような状態だった人は、その支配から解放されるのが2024年です。お金について強迫的にならず、長期的な視野に立って現実的な習慣を再構築できるでしょう。「今、どれだけ持っているか」ではなく、将来的な暮らしを見通し、コツコツ進められる貯蓄や投資などに注目することになりそうです。

2024年後半以降は「勉強」「知的活動」というテーマが新しい展開を見せます。この時期から学び始めたことが、次第にあなたの専門分野となり、仕事の軸になっていくかもしれません。

資格取得や新しいスキルの習得にも適したときです。勉強について、過去の成功体験にとらわれず、新しい学び方を模索できる時期に入ります。

ちょっと変わった「師」に出会い、その人の導きで新しい世界に足を踏み入れる人もいるかもしれません。

家族、居場所について

２０２４年９月から２０２５年４月にかけて、家のなかに「熱がこもる」時間となっています。この期間をとおして、かなりバタバタした状態になる可能性があります。引っ越しの話が持ち上がったり、家族のだれかが人生の転機に立って、その変化に対応するためにみんなが嵐のような状態になったりするかもしれません。

こうした大きな動きのなかで、家族間の摩擦や衝突が起こる可能性もあります。ふだんガマンさせられている立場の人が、ついに「爆発」するような展開も考えられます。ひとりの感情が吹き上がると、ほかの人も思いを吐露する恰好になり、一時的にエモーショナルな大混乱が起こるかもしれません。

でも、このような混乱は、長い目で見れば「膿《うみ》を出す」ことにつながり、家族関係をあるべき姿に変えていくための、大切なステップとなっているはずなのです。

2024年終わりから2025年前半の「ドタバタ」は、2025年なかばから2026年なかばの「大団円」につながります。

2025年なかばからの1年は「居場所が生まれる時間」であり、あたたかな幸福に包まれる時間となっているのです。

2024年終わりからの一連の「ドタバタ」が、2025年なかばからの「幸福」の入り口と言えるのかもしれません。多くのホームドラマは、序盤から中盤に大きな問題が起こり、終盤でみんなが心からわかり合い、新しい幸福に向かう、といった構成になりがちです。この時期の牡羊座の「居場所」は、まさにそれを地でゆくような展開になるはずなのです。

この3年で悩んだときは――「自分」について

2025年から、あなたは少し特別な時間に入ることになります。短期的にはここから2028年4月にかけて、長期的には2039年3月にかけて、非常に深い内面的変化のプロセスが始まるのです。

この体験がどんなものなのか、リアルタイムではなかなかその意味がわからないかもしれません。長期的な変化は、自覚するのがむずかしいのです。

この時間が巡ってくるのは、人生に一度きりです。

この時間を経験せずに、人生を終える人もいます。ゆえに、この時間を体験できるということ自体が、とても貴重なこととも言えます。

「セルフイメージ」という言葉を、私はよく使います。

人間は自分自身を、自分の肉眼で直接見ることはできません。鏡を見たり、動画を撮ったりすることはできても、それらはすべて間接的なイメージです。だれか他人に出会うのと同じように、自分に「出会う」ことはできないのです。

ゆえに、私たちが「自分」について思い描けるのは、あくまで「イメージ」でしかありません。想像の姿であり、現実の姿とは少なからず違っているのです。

世の中には、自分を過大評価する人もいれば、過小評価する人もいます。また、両者をごっちゃにしている人も少なくありません。

たとえば、口を開けば自虐的なことしか言わないのに、実はものすごくプライドが高く傷つきやすい人、というのをよく見かけます。

自分がどう見られているかを常に意識し、胸のなかにある「セルフイメージ」からはずれるようなことを言われると、深く落ち込んだり、傷ついたりしてしまう人もいます。

単なる「想像」に、それほどまでに、私たちは縛られるのです。

２０２５年から、あなたはさまざまなセルフイメージを新たに、思い描いていくことになるだろうと思います。

それがいいイメージであれ、悪いイメージであれ、イメージはイメージです。想像の産物であり、「実際の自分」とは完全には、一致しません。

自己否定的イメージにとらわれて殻に閉じこもったり、過大なイメージにとらわれて自分を見失ったり、人間はごくやっかいな生き物です。

でも、自分自身のことが本当にはよくわからないからこそ、無謀な挑戦ができますし、夢を追いかけることができますし、びっくりするような出会いやチャンスのドアを開くこともできるのかもしれません。

2025年以降、悩みや問題に出会ったなら、まず、「それは、自分の想像に原因があるのでは？」と考えてみるのも一案です。セルフイメージと現実がかみ合わなくなったところで、無用の幻滅や傷つきが起こっている可能性があるのです。その場合、「想像」の内容を少し上書きするだけで、悩みが解決してしまうかもしれません。

また、自分を粗末にしたり、自分を犠牲にしたり、自分を否定したり、自分を傷つけたりすることは、この時期大きな問題に発展しやすいはずです。

自分というものの生存や幸福に、責任を持つこと。これがすなわち「自分を大切にする」ということです。

ときには野ウサギのように「逃げる」ことも、立派な自衛行為です。苦痛を感じたらひとまず逃げ出して、安全な場所にもぐりこんでから、これからどうするかゆっくり考えてみることがだいじです。

私たちは、自分の想像にとらわれて、現実にはまったく起こっていない問題に苦悩し続けることがあります。ありもしない恐怖の幻影におびえ、身を縮めて目をつぶり、現実が一切見えなくなることもあります。そんなときは、まず「避難」することが肝要です。逃げた先で、何が問題で、本当に怖いものがなんなのかを、ゆっくり考えればよいのです。恐れていたものが幽霊ではなく、風にゆれる柳の枝だった、とわかったら、ほっとして、ニコニコしながらまた、もとの場所に戻れます。

象徴のなかの野ウサギは、いつも目を見開いていて、どんな危難からも稲妻のように逃げ出せます。だからこそ、安心して野原でブドウをかじっていられます。

2024年からのさまざまな体験のなかで、あなたは「本当に恐れるべきもの」「本当に逃げ出さなければならないもの」を判断できるようになっていくでしょう。その成長のプロセスでは、怖くないものを怖がったり、想像に飲まれて自分を見失ったりすることも、起こり得るのだと思います。ですがそれは、長期的に見れば決して、悪いことではありません。むしろ、人間として通っておくべき、大切な心のシーンです。

もし、あなたがふだん、このことを見失いがちならば、2024年からの時間は特に、「自分をだいじにする」ことに留意していただきたいと思います。

現実のなかで自分を大切にしよう、という思いを軸にできれば、ここからの「精神の深化」の時間は、決して怖いものではありません。

むしろ、魔法の森に分け入る旅のように、わくわくする冒険となるはずです。

4

3年間の星の動き

2024年から2026年の星の動き

星占いにおける「星」は、「時計の針」です。

12星座という「時計の文字盤」を、「時計の針」である太陽系の星々、すなわち太陽、月、地球を除く7個の惑星と冥王星（準惑星です）が進んでいくのです。

ふつうの時計に長針や短針、秒針があるように、星の時計の「針」である星たちも、いろいろな速さで進みます。

星の時計でいちばん速く動く針は、月です。月は1カ月弱で、星の時計の文字盤である12星座をひと巡りします。ですから、毎日の占いを読むには大変便利ですが、本書であつかう「3年」といった長い時間を読むには不便です。

年単位の占いをするときまず、注目する星は、木星です。木星はひとつの星座に1年ほど滞在し、12星座を約12年でまわってくれるので、年間占いをするのには大変便利です。

さらに、ひとつの星座に約2年半滞在する土星も、役に立ちます。土星はおよそ29年ほどで12星座を巡ります。

もっと長い「時代」を読むときには、天王星・海王星・冥王星を持ち出します。

本書の冒頭からお話ししてきた内容は、まさにこれらの星を読んだものですが、本章では、木星・土星・天王星・海王星・冥王星の動きから「どのように星を読んだのか」を解説してみたいと思います。

木星：1年ほど続く「拡大と成長」のテーマ
土星：2年半ほど続く「努力と研鑽」のテーマ
天王星：6～7年ほどにわたる「自由への改革」のプロセス
海王星：10年以上にわたる「理想と夢、名誉」のあり方
冥王星：さらにロングスパンでの「力、破壊と再生」の体験

2024年から2026年の「3年」は、実はとても特別な時間となっています。というのも、長期にわたってひとつの星座に滞在する天王星・海王星・冥王星の3星が、そろって次の星座へと進むタイミングだからです。

天王星は2018年ごろ、海王星は2012年ごろ、冥王星は2008年ごろ、それぞれ前回の移動を果たしました。この「3年」での移動は、「それ以来」の動きということになります。

たとえば、前々回天王星が牡羊座入りした2011年は東日本大震災が、冥王星が山羊座入りした2008年はリーマン・ショックが起こるなど、長期的な時間を刻む星々が「動く」ときは、世界中が注目するようなビビッドな出来事が起こりやすいというイメージもあります。

もちろん、これは「星の影響で地上にそうした大きな出来事が引き起こされる」ということではなく、ただ私たち人間の「心」が、地上の動きと星の動きのあいだに、そのような象徴的照応を「読み取ってしまう」ということなのだと思います。

とはいえ、私がこの稿を執筆している2022年の終わりは、世界中が戦争の緊張に心を奪われ、多くの国がナショナリズム的方向性を選択しつつある流れのなかにあります。また、洪水や干ばつ、広範囲の山火事を引き起こす異常気象に、世界の多くのエリアが震撼する状況が、静かにエスカレートしている、という気配も感じられます。

この先、世界が変わるような転機が訪れるとして、それはどんなものになるのか。

具体的に「予言」するようなことは、私にはとてもできませんが、長期的な「時代」を司る星々が象徴する世界観と、その動きのイメージを、簡単にではありますが以下に、ご紹介したいと思います。

ちなみに、「3年」を考える上でもっとも便利な単位のサイクルを刻む木星と土星については、巻末に図を掲載しました。過去と未来を約12年単位、あるいは約30年スパンで見渡したいようなとき、この図がご参考になるはずです。

・海王星と土星のランデヴー

2023年から土星が魚座に入り、海王星と同座しています。2星はこのままよりそうようにして、2025年に牡羊座に足を踏み入れ、一度魚座にそろって戻ったあと、2026年2月には牡羊座への移動を完了します。

魚座は海王星の「自宅」であり、とても強い状態となっています。海王星は20

12年ごろからここに滞在していたため、2025年は「魚座海王星時代、終幕の年」と位置づけられるのです。

牡羊座から見て、魚座は「過去、隠されたもの、秘密、犠牲、隠れた場所」などを象徴する場所です。この場所の土星は、古来「強力な配置」とされています。土星の持ち味がいいかたちで出やすい場所なのです。

土星は困難を乗り越えたり、時間をかけて物事に取り組んだりすることの上手な星です。深く内省すること、深遠な知を探求することなども、土星の領分です。また、土星は「古いものを保つ」ことを象徴する星であり、壊れた部分を修理したり、保存したりすることにつながる星でもあります。

魚座海王星という配置自体が「過去、秘密、犠牲、隠棲」などを象徴しており、さらにそこに探究や内省、修理といった星が加わることで、「第三者からは見えないところで、内面に抱いた深い問題をじっくり解決していく時間」と読めます。

だれもが、他人には説明できないような、深く複雑な悩みを抱えているものではないかと思います。２０２４年から２０２５年は、そうした悩みをじっくりと解決に向けて解きほぐしていける時間です。

こんがらがったネックレスのチェーンをほどくときのように、そのプロセスでは「ほんとうにこれでほどけるのだろうか？」と不安になることもあるかもしれません。でも、かたくコブのようになった問題を広げ、一つひとつの輪をほぐすうちに、だんだんと「この方向でほどけそうだ」ということがわかってきます。

「自分にはなんの悩みもありません！」という人も、隣人が困っていたり、遠い国で戦争が起こったりしているのを目にすれば、自然と胸が痛み、「これは、きちんと考えなければならない」「何かできることはないだろうか」という気持ちになるものではないでしょうか。

さらに言えば、他者の痛みへの共感は、多くの場合、自分自身の痛みを介して起こります。自分がかつてつらかった記憶、苦しんだ経験に照らして、「この人は今、よほど苦しいに違いない」と想像することができるのです。

土星・海王星のこの時期のランデヴーは、こうした他者への共感や慰め、救済を象徴しているのかもしれません。この時期、だれかがあなたを全力で救ってくれるのかもしれませんし、あるいは逆に、あなた自身がだれかを救い出すことになるのかもしれません。

「救う」という言葉は非常に強い、大きな言葉で、日常生活にはそぐわないようにも思えます。

でも、私たちは生活のなかで、自分が思う以上にだれかに救われ、だれかを救っている、とも考えられます。

ちょっとしたほめ言葉や感謝の言葉、「安心していいよ」「大丈夫だよ」というメッセージが、見えないところで人の命を救っていることだってあるのです。

２０２５年をおおまかな境として、海王星と土星はそろって牡羊座に入ります。牡羊座はあなた自身の星座であり、文字どおりあなたにとって「自分自身」を司る場所です。第2章２０２５年の項で「清冽」という言葉を使ったのは、この動きを描き出したかったためです。

土星も海王星も、決してあたたかな星とは言えません。清らかで冷たい水や、火照った手足でひんやりした石に触れたときの感覚が、この2星の感触に近いだろうと思います。概して「あたたかさ」は喜ばれ、「冷たさ」は忌避されるものですが、たとえば夏場に、静かなひんやりした、畳敷きの小暗い小部屋でしばらく座っているようなとき、えもいわれぬ落ち着いた快感がわいてきます。

膨大な情報、せわしない関係性、めまぐるしい交通の喧噪《けんそう》から「一時的に離脱する」ような時間が、２０２５年からの時間なのだと思います。そこには、長い時間をかけて静かに語り合える心の友がいるはずですし、ずっと探し続けながら出会えずにいただれか、あるいは何かが、あなたをじっと待っていてくれるはずです。

・木星と天王星、発展と成長のルート

成長と拡大と幸福の星・木星は、この3年をかけて、牡牛座から獅子座までを移動します。

特徴的なのは、この時期天王星も、木星を追いかけるようにして牡牛座から双子座へと移動する点です。天王星が牡牛座入りしたのは2018年ごろ、2024年に入る段階では、木星とこの天王星が牡牛座で同座しています。2025年、木星は6月上旬まで双子座に滞在します。追って7月7日、天王星が双子座へと入宮するのです。

天王星と木星に共通している点は、両者が自由の星であり、「ここではない、どこか」へと移動していく星であるということです。何か新しいものや広い世界を求めて、楽天的にどんどん移動していこう、変えていこうとするのが2星に共通する

傾向です。

2星には違いもあります。

木星は拡大と成長の星で、膨張の星でもあります。物事をふくらませ、袋のようにぽんぽんいろんなものをなかに入れていくことができる、ゆたかさの星です。一方の天王星は、「分離・分解」をあつかいます。「改革」の星でもある天王星は、古いものや余計なものを切り離していく力を象徴するのです。天王星が「離れる」星なら、木星は「容れる」星です。

牡羊座から見て、この「3年」で木星が通るエリアは、「内側」です。プライベート、家、身近な世界、自分自身の世界を象徴します。とはいえもちろん、この3年のなかで牡羊座の人々が「引きこもって外に出ない」などということはありません。むしろ、外出は活発になり、かつてないジャンルの人々と大いに交流することになるはずです。ただ、その外出や交流は、未知の世界へと一足飛びにぽんと飛び込んでいくような「遠投」的なものではありません。身近な人の紹介でだれかと知り合ったり、ちょっと散歩しているうちに新しいスポットを見つけたり、ショートトリップを繰り返したりと、「近い場所からだんだん世界を広げていく」動きなのです。

2024年前半、木星と天王星が同座しているのは、牡羊座から見て「お金、所有、獲得、経済活動」などを象徴する場所です。2018年ごろからお金や経済活動に関して大改革を続けている人が少なくないと思いますが、その「大改革」の流れが、2024年から2025年に、大きく変化する可能性があります。詳細は第3章の「お金」についての項などでくわしく書きましたが、これまでモノやお金がどこか「離れていく」感じがあったなら、2024年からは「くっついてくる」「入ってくる」感じが強まるだろうと思います。

2024年なかばから木星が入り、2025年なかばから天王星が入る双子座は、牡羊座の人々から見て「コミュニケーション、学び、移動、兄弟姉妹、地域コミュニティ」などを象徴する場所です。多くの人と交流し、外出し、何度も旅行する、といった動きがこれ以降、強まっていくでしょう。

天王星は「新しい時代」を象徴する星なので、新しい時代の価値観を吸収し、新たな時代を担う若い人々との交流を持つ機会が増えていくかもしれません。行ったことのない場所に行けるでしょう。

木星はさらに２０２５年なかば以降、牡羊座の人々から見て「居場所・家族」の部屋、「愛・創造」の部屋へと歩を進めます。２０２４年末から２０２５年前半、この場所で火星が長期滞在するのもおもしろい点です。２０２４年の終わりからあなたが情熱的に引っかき回したテーマが、２０２５年後半から「大団円」に向かう、というイメージがわきます。古い考え方や人を縛るシステム、自分のなかのカベなどをぶっ壊して、新しい居場所、新しい愛を構築できる流れになっています。

・冥王星の移動

2024年11月、冥王星が山羊座から水瓶座への移動を完了します。

この移動は2023年3月から始まっており、逆行、順行を繰り返して、やっと2024年に「水瓶座へ入りきる」ことになるのです。冥王星が山羊座入りしたのは2008年、前述のとおりリーマン・ショックが起こったタイミングでした。

冥王星は「隠された大きな財、地中の黄金、大きな支配力、欲望、破壊と再生、生命力」等を象徴する星とされます。この星が位置する場所の担うテーマは、私たちを否応ない力で惹きつけ、支配し、振り回し、絶大なるエネルギーを引き出させたあと、不可逆な人間的変容を遂げさせて、その後静かに収束します。

2008年から冥王星が位置していた山羊座は、牡羊座から見て「社会的立場、キャリア、仕事、目標」などを象徴する場所です。2008年からこの方、社会的成功を夢見て野心的にがんばってきた人が少なくないはずです。精力的に仕事に打ち込み、ほかの多くのことを犠牲にしたり、手段を選ばず勝利を望んで、自分の力では支えられないほどの大きなものを手にし、それに振り回されるようなかたちで、一時的に多くを失った人もいるかもしれません。

ですがその後、深い学びとよみがえりを経て、今、安定した場所に立っている人がほとんどだろうと思います。

2008年には見えなかった場所に立ち、「これこそが自分の社会的ポジションだ」という実感を得られたのではないでしょうか。

2024年、冥王星が移動していく先の水瓶座は、牡羊座から見て「夢、仲間、ネットワーク、個人としての社会参加、友情」などを象徴する場所です。

あなたがこれまで欲していたのが「個人としての社会的成功」ならば、ここからあなたが欲望するのは、たとえば「世の中を変えること」「心からの友人を持つこと」

「情熱的に夢を追いかけること」などなのかもしれません。

・ドラゴンヘッド ― 食の季節

ドラゴンヘッドは天体ではありません。地球から見上げたときの太陽の通り道・黄道と、月の通り道・白道が交差する点です。ふたつの交点のうち北にあるほうをドラゴンヘッド、南側のほうをドラゴンテイルといいます。ドラゴンヘッドはドラゴンテイルと180度の位置関係で対になり、約19年ほどをかけて12星座を時計まわりに一周します。ほかの星々は逆時計まわりでまわるので、いわば「ずっと逆行を続ける」ような動きをしていることになります。

ドラゴンヘッド・ドラゴンテイルの近くで満月や新月が起こると、食になります。つまり、両者が自分の星座に入ると、自分の星座で月食や日食が起こる、ということになるのです。

ドラゴンヘッド・テイルには、さまざまな解釈が為されます。そのなかの一説に、ヘッドとテイルはある種の「縁」を司る、というものがあります。自分の星座で食が起こる時期は、不思議な「縁」が結ばれる可能性があるのです。

２０２３年から２０２５年頭まで、ドラゴンヘッドはあなたの星座、牡羊座に位置します。野ウサギと月、「不思議な縁」と書いたのは、この「食」を表現したかったためでした。

だれかと、あるいは何かと、不思議な経緯で結ばれる「縁」。

この時期の「縁」は特に、見慣れぬもの、未経験のものが多いはずです。この人生において開拓すべき分野があるとすればこれだ！と思わせてくれるような「新境地」に、不思議な「縁」が導いてくれるかもしれません。

5

牡羊座の世界

牡羊座について

牡羊座の「牡羊」は、ふつうの羊ではありません。神の羊、金色の羊です。この羊には翼が生えており、空を飛べるのです。

継母に疎まれ、殺されそうになったプリクソスとヘレーの兄妹を救うため、ゼウスはこの金色の羊を使わしました。ふたりは羊の背に飛び乗り、危うく難を逃れましたが、途中で妹のヘレーはしがみつく手をうっかり放し、海に落ちて死んでしまいました。

自分の殺害を企む継母、手を放せば一瞬で自分たちを飲み込む海。すぐそこにある圧倒的な死の引力から、全力で逃げ出そうとする生命力こそが、牡羊座の人々の本質です。

私たちの人生は実際、病気や災難、事故など、危険といつも隣り合わせになっています。私たちを飲み込もうとする「死」の世界から、絶対的に分離し続けようとする闘いこそが、「生きること」だと言いたいほどです。幼い子どもを育てている人は特に、その実感があるのではないでしょうか。まず「死なせない」ことがどれほど大変か、子育てをするとよくわかります。生きているということは本当に、大変なエネルギーを要することなのです。

牡羊座は「闘いの星座」です。この「闘い」は純粋に生きるための闘い、自分自身を肯定するための闘いと言っても過言ではありません。

「生きるための闘い」において、私たちは手加減ができません。手だてを選んでいいる暇もなく、むきだしで、ストレートで、ときに少々荒っぽくならざるを得ません。ですがそうした「生きる」姿は、ヒーローのように堂々と輝いて見えることがあります。牡羊座は、そんな姿を見せてくれる星座です。

牡羊座の人々の飾り気のないやさしさや、自分の望みに常に正直であること、妙な手加減を加えない勢いのよさ、正義感に裏打ちされた怒り、人を元気づけるときの真摯さ、過去にこだわらない自由さ、「個人」であることを引き受ける勇気、新しい世界への強い関心、決してよどまない強いまなざしなどはすべて、「生きること」への絶対的、肯定的意志に根ざしたものです。

「自分に生きている価値はあるのだろうか」「生まれてこなければよかった」などと感じる人も少なくない現代社会で、牡羊座的な絶対的肯定と闘争のエネルギーは、何よりも大切なものになりつつあると思います。

自分と他人を比べて、「どちらがより、生きている価値があるか」と考えるような悩みを、牡羊座的なエネルギーはすべて、からりと吹き飛ばしてくれるからです。生きていることは根本的にすべて是であり、それを守るために、人はできる範囲で、できるかぎり闘わねばならない、それが生きるということだ、という諦念が、牡羊座の世界観の土台となっているのです。

自分が生きることの価値を知っている人は、他人が生きることをもまた、受け入れ、支持します。牡羊座が守るのは、自分自身の命だけではありません。他者の命もまた、同じように守られるべきなのです。

牡羊座は「正義の星座」とも言われます。牡羊座の正義とは、自他の生命の全肯定です。

おわりに

これでシリーズ4作目となりました「3年の星占い」、お手にとってくださって誠にありがとうございます。

これまで毎回、冒頭にショートショートを書いてきたのですが、今回はあえて小説の形式をやめ、「象徴の風景」を描いてみました。

というのも、2024年から2026年は長い時間を司る星々が相次いで動く、特別な時間だったからです。天王星、海王星、冥王星の象徴する世界観は、無意識や変革、再生といった、かなり抽象的なテーマを担っています。日常語ではとらえにくいことをたくさん書くことになるので、思いきって「シンボル」自体にダイレクトに立ち返ってみよう、と思った次第です。

もといい、これまでの冒頭のショートショートにも、たくさんの象徴的隠喩を仕込んできました。あの短い小説のなかに、「3年」のエッセンスをぎゅっと詰め込む工夫をするのは、毎回、私の大きな楽しみでした。ただ、あのような「匂わせ」のかたちでは、今度の「3年」の大きさ、力強さが表しにくいと思ったのです。

「花言葉」が生まれたのは、直接思いを言葉にすることがマナー違反とされた時代だったそうです。心に秘めた思いを花に託して、人々はメッセージを伝えようとしたのです。「あなたを愛しています」と伝えるために、真っ赤なバラを贈るしかなかった世の中では、すべてのものがメッセージに見えていたのかもしれません。赤いバラを手渡して、相手に愛を理解してもらおうとするのは、「隠喩」「アナロジー」の原点だろうと思います。

当たるか当たらないかにかかわらず、「牡羊座の人に、向こう3年、何が起こるか」ということを個別具体的に書くことはほぼ、不可能です。というのも、「牡羊座の人」といっても十人十色、本当にさまざまな立場、状況があるはずだからです。可能性のあるすべての出来事を箇条書きにするようなことができなくはないかもしれませんが、それでは、なんのことだかかえってわからなくなってしまいます。ゆえに、こうした占いの記事は「隠喩」でいっぱいにならざるを得ません。

かのノストラダムスも、直接的な表現はほとんどしていません。彼は詩で占いを書き、後世の人々がその隠喩をさまざまに「解読」しようとしました。本書のような生活に根ざした「実用書」であっても、読み手側のすることはほとんど変わらないように思えます。すなわち、自分に起こりそうな出来事、すでに起こっている出来事と占いを照らし合わせ、そのシンボリズムを解読、デコードしていくのです。

ゆえに占いは、どんなに現実的なものであっても、「謎解き」の部分を含んでいて、神秘的です。そこには、解読されるべき秘密があるのです。

そして私たちの心にもまた、それぞれに自分だけの秘密があります。だれもがスマートフォンでSNSに接続し、どんなことでもテキストや動画で伝え合って「共有」している世の中では、まるで秘密などないようにあつかわれています。ですがそれでも、私たちの心にはまだ、だれにも打ち明けられない秘密があり、内緒話があり、まだ解かれない謎があります。

だれかに語った瞬間に特別なきらめきを失ってしまう夢もあります。

だれの胸にもそんな、大切に守られなければならない秘密や夢があり、その秘密や夢を、希望といううっすらとした靄《もや》がくるみこんでいるのだと思います。

これだけ科学技術が発達してもなお、占いは私たちの「心の秘密」の味方です。

本書が、この3年を生きるあなたにとって、ときどき大切な秘密について語り合えるささやかな友となれば、と願っています。

太陽星座早見表
(1930〜2027年/日本時間)

太陽が牡羊座に入る時刻を下記の表にまとめました。
この時間以前は魚座、この時間以後は牡牛座ということになります。

生まれた年	期間
1954	3/21 12:53〜4/21 0:19
1955	3/21 18:35〜4/21 5:57
1956	3/21 0:20〜4/20 11:42
1957	3/21 6:16〜4/20 17:40
1958	3/21 12:06〜4/20 23:26
1959	3/21 17:55〜4/21 5:16
1960	3/20 23:43〜4/20 11:05
1961	3/21 5:32〜4/20 16:54
1962	3/21 11:30〜4/20 22:50
1963	3/21 17:20〜4/21 4:35
1964	3/20 23:10〜4/20 10:26
1965	3/21 5:05〜4/20 16:25
1966	3/21 10:53〜4/20 22:11
1967	3/21 16:37〜4/21 3:54
1968	3/20 22:22〜4/20 9:40
1969	3/21 4:08〜4/20 15:26
1970	3/21 9:56〜4/20 21:14
1971	3/21 15:38〜4/21 2:53
1972	3/20 21:21〜4/20 8:36
1973	3/21 3:12〜4/20 14:29
1974	3/21 9:07〜4/20 20:18
1975	3/21 14:57〜4/21 2:06
1976	3/20 20:50〜4/20 8:02
1977	3/21 2:42〜4/20 13:56

生まれた年	期間
1930	3/21 17:30〜4/21 5:05
1931	3/21 23:06〜4/21 10:39
1932	3/21 4:54〜4/20 16:27
1933	3/21 10:43〜4/20 22:17
1934	3/21 16:28〜4/21 3:59
1935	3/21 22:18〜4/21 9:49
1936	3/21 3:58〜4/20 15:30
1937	3/21 9:45〜4/20 21:18
1938	3/21 15:43〜4/21 3:14
1939	3/21 21:28〜4/21 8:54
1940	3/21 3:24〜4/20 14:50
1941	3/21 9:20〜4/20 20:49
1942	3/21 15:11〜4/21 2:38
1943	3/21 21:03〜4/21 8:31
1944	3/21 2:49〜4/20 14:17
1945	3/21 8:37〜4/20 20:06
1946	3/21 14:33〜4/21 2:01
1947	3/21 20:13〜4/21 7:38
1948	3/21 1:57〜4/20 13:24
1949	3/21 7:48〜4/20 19:16
1950	3/21 13:35〜4/21 0:58
1951	3/21 19:26〜4/21 6:47
1952	3/21 1:14〜4/20 12:36
1953	3/21 7:01〜4/20 18:24

生まれた年	期間
2003	3/21 10:01 ~ 4/20 21:03
2004	3/20 15:50 ~ 4/20 2:50
2005	3/20 21:34 ~ 4/20 8:37
2006	3/21 3:27 ~ 4/20 14:26
2007	3/21 9:09 ~ 4/20 20:07
2008	3/20 14:49 ~ 4/20 1:51
2009	3/20 20:45 ~ 4/20 7:44
2010	3/21 2:33 ~ 4/20 13:30
2011	3/21 8:22 ~ 4/20 19:18
2012	3/20 14:16 ~ 4/20 1:12
2013	3/20 20:03 ~ 4/20 7:03
2014	3/21 1:58 ~ 4/20 12:56
2015	3/21 7:46 ~ 4/20 18:42
2016	3/20 13:31 ~ 4/20 0:30
2017	3/20 19:30 ~ 4/20 6:27
2018	3/21 1:17 ~ 4/20 12:13
2019	3/21 7:00 ~ 4/20 17:55
2020	3/20 12:51 ~ 4/19 23:46
2021	3/20 18:39 ~ 4/20 5:34
2022	3/21 0:35 ~ 4/20 11:24
2023	3/21 6:26 ~ 4/20 17:14
2024	3/20 12:08 ~ 4/19 23:00
2025	3/20 18:03 ~ 4/20 4:56
2026	3/20 23:47 ~ 4/20 10:39
2027	3/21 5:26 ~ 4/20 16:18

生まれた年	期間
1978	3/21 8:34 ~ 4/20 19:49
1979	3/21 14:22 ~ 4/21 1:34
1980	3/20 20:10 ~ 4/20 7:22
1981	3/21 2:03 ~ 4/20 13:18
1982	3/21 7:56 ~ 4/20 19:06
1983	3/21 13:39 ~ 4/21 0:49
1984	3/20 19:24 ~ 4/20 6:37
1985	3/21 1:14 ~ 4/20 12:25
1986	3/21 7:03 ~ 4/20 18:11
1987	3/21 12:52 ~ 4/20 23:57
1988	3/20 18:39 ~ 4/20 5:44
1989	3/21 0:28 ~ 4/20 11:38
1990	3/21 6:19 ~ 4/20 17:26
1991	3/21 12:02 ~ 4/20 23:07
1992	3/20 17:48 ~ 4/20 4:56
1993	3/20 23:41 ~ 4/20 10:48
1994	3/21 5:28 ~ 4/20 16:35
1995	3/21 11:14 ~ 4/20 22:20
1996	3/20 17:03 ~ 4/20 4:09
1997	3/20 22:55 ~ 4/20 10:02
1998	3/21 4:54 ~ 4/20 15:56
1999	3/21 10:46 ~ 4/20 21:45
2000	3/20 16:35 ~ 4/20 3:38
2001	3/20 22:32 ~ 4/20 9:36
2002	3/21 4:17 ~ 4/20 15:21

石井ゆかり（いしい・ゆかり）

ライター。星占いの記事やエッセイなどを執筆。情緒のある文体と独自の解釈により従来の「占い本」の常識を覆す。120万部を超えた「12星座シリーズ」のほか、多くのベストセラー&ロングセラーがある。『月で読む あしたの星占い』『新装版 12星座』（すみれ書房）、『星占い的思考』（講談社）、『禅語』『青い鳥の本』（パイインターナショナル）、『星ダイアリー』（幻冬舎コミックス）ほか著書多数。

LINEや公式Webサイト、Instagram、Threads等で毎日・毎週・毎年の占いを無料配信中。

公式サイト「石井ゆかりの星読み」https://star.cocoloni.jp/

インスタグラム　@ishiiyukari_inst

[参考文献]

『完全版 日本占星天文暦 1900年～2010年』
魔女の家BOOKS　アストロ・コミュニケーション・サービス

『増補版 21世紀占星天文暦』
魔女の家BOOKS　ニール・F・マイケルセン

『Solar Fire Ver.9』（ソフトウエア）
Esotech Technologies Pty Ltd.

[本書で使った紙]

本文	アルトクリームマックス
口絵	OK ミューズガリバーアール COC ナチュラル
表紙	バルキーボール白
カバー	ジェラード GA プラチナホワイト
折込図表	タント F-53

すみれ書房
石井ゆかりの本

新装版 12星座

定価 本体1600円＋税
ISBN978-4-909957-27-6

生まれ持った性質《しくみ》の、深いところまでわかる、星占い本のロングセラー。

星座と星座のつながりを、物語のように読み解く本。
牡羊座からスタートして、牡牛座、双子座、蟹座……魚座で終わる物語は、読みだしたら止まらないおもしろさ。各星座の「性質」の解説は、自分と大切な人を理解する手掛かりになる。仕事で悩んだとき、自分を見失いそうになるとき、恋をしたとき、だれかをもっと知りたいとき。人生のなかで何度も読み返したくなる「読むお守り」。

イラスト：史緒　ブックデザイン：しまりすデザインセンター

3年の星占い　牡羊座
2024年-2026年

2023年11月20日第1版第1刷発行
2023年12月31日　　　第2刷発行

著者
石井ゆかり

発行者
樋口裕二

発行所
すみれ書房株式会社
〒151-0071　東京都渋谷区本町6-9-15
https://sumire-shobo.com/
info@sumire-shobo.com〔お問い合わせ〕

印刷・製本
中央精版印刷株式会社

ISBN978-4-909957-29-0　Printed in Japan
NDC590　159p　15cm